AF561296

HISTOIRE

DES

ÉVENTAILS

CHEZ TOUS LES PEUPLES ET A TOUTES LES ÉPOQUES

OUVRAGE ILLUSTRÉ DE 50 GRAVURES

ET SUIVI DE NOTICES

SUR

L'ÉCAILLE, LA NACRE ET L'IVOIRE

PAR

S. BLONDEL

L'éventail d'une belle est le sceptre du monde.
SYLVAIN MARÉCHAL.

PARIS
LIBRAIRIE RENOUARD
HENRI LOONES, SUCCESSEUR
6, RUE DE TOURNON, 6

1875

HISTOIRE

DES

ÉVENTAILS

CORBEIL. — TYP. ET STÉR. DE CRÉTÉ FILS.

HISTOIRE

DES

ÉVENTAILS

CHEZ TOUS LES PEUPLES ET A TOUTES LES ÉPOQUES

OUVRAGE ILLUSTRÉ DE 50 GRAVURES

ET SUIVI DE NOTICES

SUR

L'ÉCAILLE, LA NACRE ET L'IVOIRE

PAR

S. BLONDEL

L'éventail d'une belle est le sceptre du monde.
SYLVAIN MARÉCHAL.

PARIS
LIBRAIRIE RENOUARD
HENRI LOONES, SUCCESSEUR
6, RUE DE TOURNON, 6

1875

Tous droits réservés.

PRÉFACE

Le hasard mit un jour entre nos mains un article de journal relatif à l'Exposition d'éventails organisée au *South Kensington Museum*, à Londres, en 1870. Le rédacteur, dont la signature révélait un pseudonyme, disait : « Ce serait une histoire curieuse à écrire que celle des éventails. »

Cette judicieuse réflexion nous porta à méditer sur ce sujet encore presque neuf (1), que l'on considère avec raison comme un des rameaux délicats de l'histoire du costume, et qui, il faut le dire, séduisait notre imagination.

Peu après, encouragé par l'abondance des matériaux, nous nous mettions à l'œuvre avec confiance.

Rien de plus intéressant, en effet, que l'histoire des éventails. Ces hochets ingénieux, dont l'élégance n'a souvent de rivale que celle de la main qui les agite ou les déploie, offrent un champ d'études variées à l'historien, à l'artiste, à l'antiquaire, aussi bien qu'aux gens du monde. Pour les femmes, les éventails sont l'em-

(1) Il n'existe, à notre connaissance, que deux monographies sur l'histoire et la fabrication des éventails, dues à MM. Edouard Petit et Natalis Rondot. La notice de ce dernier auteur, membre du Jury de France à la commission française du jury international de l'Exposition universelle de Londres, en 1851, fait partie d'un savant et ingénieux *Rapport sur les objets de parure, de fantaisie et de goût* (Paris, Imprimerie impériale, 1854).

blème des plaisirs; leur rôle est d'embellir toutes les fêtes, de se mêler à toutes les joies, à tous les sourires; et jamais, discrets confidents, ils ne voilent de plus tendres regards, ils ne rafraîchissent de plus charmants visages que lorsque, superbes ou gracieux, ils enchâssent dans leurs délicates montures de frais tableaux resplendissants de toute la magie des couleurs.

C'est ainsi que les éventails, protégés par de doux souvenirs, sont conservés comme des reliques précieuses et se transmettent religieusement, sans que la date de leur entrée dans les familles s'efface de la mémoire; car cette date est toujours celle d'un bal, d'un mariage, d'un heureux jour!

Les éventails tiennent une place respectable dans l'histoire de l'art et de l'industrie depuis plusieurs siècles en Orient, en Italie, en Espagne, et surtout en France. Aussi nous sommes-nous particulièrement attachés à constater la double origine asiatique et américaine des éventails, leurs diverses métamorphoses chez les anciens, l'époque à laquelle ils ont pris place dans le costume européen, l'influence sur leur fabrication du mouvement opéré dans les arts, les différents pays où cette industrie s'est fixée, le secours qu'elle a reçu de l'habileté toujours croissante des sculpteurs, des découpeurs, des graveurs, des peintres, des décorateurs et des orfévres, la différence des produits anciens et des modernes, et enfin leur importance artistique.

Nous n'entendons pas d'ailleurs prendre parti contre le genre d'éventails que se disputent tour à tour les préférences de la mode. A notre avis, les éventails contemporains égalent, s'ils ne les surpassent, les éventails des XVIIe et XVIIIe siècles, comme feuilles, sinon comme montures. Parmi les éventails anciens, dont les gouaches non signées (1) sont presque toujours l'objet d'attributions plus ou moins vraisemblables, sans contrôle possible, mais que néanmoins il faut savoir respecter, quelques-uns ont acquis une juste célébrité, soit par leur perfection, soit par leur intérêt historique. Nous avons essayé de faire ressortir le mérite exceptionnel de ces uniques objets d'art et de haute curiosité.

Terminons ces quelques lignes en remerciant publiquement les amateurs éclairés, dont les splendides collections nous ont été généreusement ouvertes, et qui ont bien voulu nous laisser reproduire les éventails les plus précieux et les plus rares. M. le comte et madame la comtesse de Chambrun, M. le comte et madame la comtesse de Beaussier, M. et madame Achille Jubinal, M. Philippe de Saint-Albin, M. Eugène de Thiac, conseiller général, M. le comte de Liesville, M. Delaville le Roulx, M. Carra de Vaux et M. Philippe Burty, ont droit à notre reconnaissance, qui n'a d'égale que leur extrême bienveillance.

(1) Plusieurs portent des noms de peintres célèbres ajoutés après coup.

Le même sentiment nous oblige également à exprimer notre gratitude aux Directeurs du *South Kensington Museum*, à Londres, pour la générosité toute britannique avec laquelle ils ont mis à notre disposition les éventails publiés dans le *Catalogue of the loan exhibition of Fans* (London, 1870).

N'oublions pas madame la baronne Nathaniel de Rothschild, M. le comte L. de Viel-Castel, membre de l'Institut, M. Du Sommerard, Directeur du Musée de Cluny, M. Chabouillet, Conservateur du *Cabinet des Antiques*, à la Bibliothèque nationale, M. Champfleury, Conservateur des collections et bibliothécaire à la Manufacture de Sèvres, M. Arsène Houssaye, Inspecteur général des Beaux-Arts, M. Augustin Challamel, bibliothécaire à la Bibliothèque Sainte-Geneviève, M. Moreau-Vauthier, statuaire, M. Henri Cernuschi, M. Vatel, avocat, M. Louis Lunois, M. Vignères, expert et marchand d'estampes, et enfin M. Loizel, éventailliste, qui nous ont obligeamment fait profiter de leurs multiples connaissances, en nous communiquant des renseignements aussi nombreux qu'utiles.

Pour ce qui est de l'édition du présent volume, nous ne saurions trop féliciter M. Bocourt des charmantes illustrations qui enrichissent notre texte, et M. Henri Loones du soin qu'il a apporté dans l'exécution typographique.

S. B.

Paris, 1er novembre 1874.

HISTOIRE

DES ÉVENTAILS

« Je chante ce bijou léger, dont les gracieux mouvements calment les ardeurs de l'été..... Vous, doctes Sœurs, volez à mon aide ; inspirez-moi ; dites quel dieu inventa ce bijou charmant ; dites à qui il a dû sa naissance, et immortalisez-le dans mes chants. »

Ainsi s'exprime Gay, le La Fontaine de la Grande-Bretagne, dans son charmant poëme de l'*Éventail*. Il serait donc téméraire autant que superflu d'invoquer de nouveau les Muses, inspiratrices du célèbre poëte anglais ; mais, remplissant un rôle plus modeste, nous nous bornerons à esquisser l'histoire de ce petit meuble ingénieux et délicat, si bien accueilli par les femmes de toutes les nations, et qui a eu ses époques glorieuses, comme la poudre, les mouches et le fard.

I

L'éventail, que la plupart de nos lectrices emploient avec une grâce toute féminine pour agiter l'air et se donner un peu de fraîcheur, date des premiers âges du monde. Il nous vient de l'Orient, où était situé, dit-on, le paradis terrestre, et où on le trouve toujours accompagné du *chasse-mouches* et de l'*ombrelle*. En effet, comme l'a fort bien dit un écrivain moderne, l'éventail est une arme de coquetterie, et la coquetterie a pris naissance avec le premier geste de la première femme.

Dans l'Inde antique, contrée que l'on considère avec raison comme le berceau de la race humaine, l'éventail, fait d'abord de feuilles de lotus ou de palmier, de bananier ou de jonc, était un instrument d'utilité autant qu'un objet de parure. Son nom indoustany est *pânk'hâ*. Les poëtes sanskrits en parlent dans leurs descriptions, et les sculptures indoues ont conservé les formes particulières qu'on lui donnait. « Cette riche litière, sur laquelle était couché le monarque Pândou, fut ensuite ornée d'un éventail, d'un chasse-mouches et d'une blanche ombrelle. »

est-il dit dans le *Mahâbhârata*. Krishna-Dwapayana, auteur de ce poëme, raconte dans un autre endroit que le roi Nîla avait une jeune fille douée d'une extrême beauté. Cette princesse servait constamment le feu sacré, dans le but d'accroître la prospérité de son père. « Mais, dit-il, la jeune fille avait beau l'exciter avec son éventail, il ne flamboyait pas tant qu'elle ne l'avait pas ému avec le souffle sorti de ses lèvres charmantes. Le céleste feu s'était épris d'amour pour cette jeune fille admirable à voir. »

Le *Râmâyana*, autre épopée due au poëte Valmikî, nous apprend qu'en vue du sacre de Râma, on avait préparé « un sceptre somptueusement orné de joyaux, un chasse-mouches, un magnifique éventail, décoré avec une radieuse guirlande, et tel que le disque en son plein de l'astre des nuits. » Enfin, dans le *Chariot d'enfant*, drame indou du roi Soudraka, un personnage entre tout essoufflé en scène et dit à la suivante de Vasantaséna, l'héroïne de la pièce : « Ma fille, ma fille, un siége. — Cette maison, Monsieur, est la vôtre. Asseyez-vous, je vous prie. — Un éventail, Madanika. — Vite, vite, notre digne hôte est fatigué. » Au cinquième acte, la même suivante, décrivant un orage, s'exprime ainsi : « Le tonnerre que les nuages renfermaient dans leurs flancs anime le paon : il bat l'air de ses ailes ; on dirait mille éventails enrichis de pierres précieuses. » Effectivement, les éventails indous du temps du roi Soudraka, c'est-à-dire au cinquième siècle de notre ère, étaient faits le plus souvent de plumes de paon.

Fig. 1.

Une miniature du *Cabinet des estampes* de la grande Bibliothèque de Paris, représentant Indra, dieu du firmament, assis au milieu de son jardin, offre une figure de jeune femme avec un éventail de forme allongée en plumes de paon, dans le genre de celui qu'agite une jeune fille placée derrière un rajâ recevant un prince étranger devant sa cour, miniature de la galerie des dessins, au *Musée du Louvre*. La première de ces miniatures a été reproduite par Langlès, dans ses *Monuments anciens et modernes de l'Indoustan* (fig. 1).

Une troisième miniature, également reproduite dans l'ouvrage de Langlès, représente un esclave placé der-

Fig. 2.

rière Youçouf A'adel-châh, fondateur de la dynastie de Visapour, et ayant entre les mains un éventail en forme de feuille placée à l'extrémité d'un long manche (fig. 2).

Cette espèce de *flabellum* est encore aujourd'hui la parure des prêtres bouddhistes du royaume de Siam, mais le manche est beaucoup plus court. Selon monseigneur Pallegoix, ces prêtres sont appelés *talapoins*, à cause de l'éventail qu'ils portent constamment à la main, lequel se nomme *talapat*, mot qui signifie « feuille de palmier. »

L'*Indian Museum*, à Londres, le *Musée archéologique de*

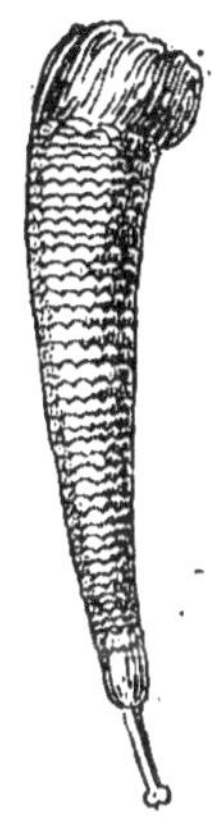

Fig. 3. — Éventail en plumes, d'après une miniature indoue.

Périgueux (n °483), ainsi que le *Musée archéologique de la ville de Rennes* (n° 742), possèdent des éventails de cette espèce, garnis en ivoire.

D'un autre côté, une miniature de la galerie des dessins, au *Musée du Louvre*, représentant le prince *Alunquir sur un trône portatif*, comme le rapporte l'inscription, montre deux esclaves tenant chacun un éventail, l'un semblable au précédent, l'autre en mosaïque de plumes, de forme allongée et recourbée (fig. 3).

Cette dernière espèce d'éventail, appelée *chamara*, figure dans la vingtième et la trente-troisième miniature

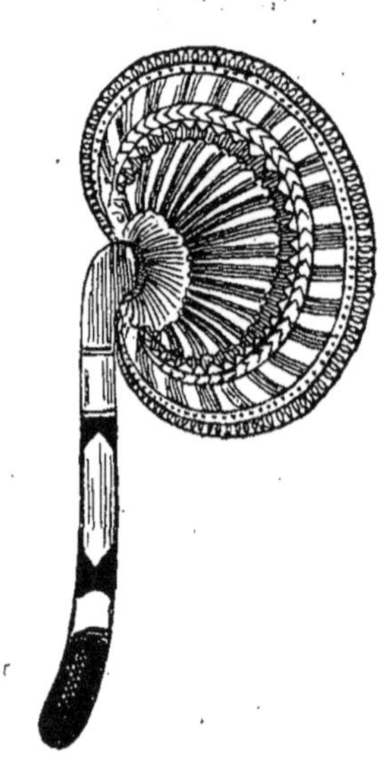

Fig. 4.

du *Panthéon Indien*, que possède le *Musée de Rennes* (cat., p. 223). On en cite un spécimen original, qui fait partie de la collection d'objets d'art de madame la baronne Salomon de Rothschild : ce superbe éventail est orné d'une poignée de jade rehaussée de rubis.

Mais tous les éventails ne sont pas aussi luxueux. Il existe des espèces d'écrans en sparterie, c'est-à-dire en jonc tressé de différentes couleurs, dans le genre de celui reproduit ci-dessus, tiré d'une miniature indoue (fig. 4).

Quant aux *chasse-mouches* ou « tchaoùnrys », c'étaient tout simplement des queues de *yak* ou buffle du Thibet (1), blanches comme la neige, et dont l'extrémité est garnie d'une touffe de poils en forme de panache. « On nomme *katala*, dit M. A. André, auteur du remarquable *Catalogue raisonné du Musée archéologique de la ville de Rennes*, la vache dont la queue fournit les plus beaux *tchaoùnrys*. Le soyeux, la longueur et la blancheur des crins constituent la beauté de ces queues, auxquelles on adapte des poignées d'or ou d'argent avec des ornements en émail. »

Les nababs et les brahmanes se sont servis de tout temps du *tchaoùnry*. Le voyageur chinois Hiouen-thsang en parle, et le Grec Élien, dans son *Histoire des Animaux*, raconte que de son vivant cet article de luxe provenait d'un bœuf sauvage dont le corps était noir, excepté la queue, et le met avec raison au nombre des présents qu'on faisait

(1) *Bos grunniens*, Linné.

aux princes. « Tous ces peuples offraient de beaux chasse-mouches, les uns noirs, les autres blancs et pareils à la lune resplendissante, » dit l'auteur du *Mahâbhârata*, dans la description des tributs apportés par les étrangers au roi Youddisthira. Sonnerat et d'autres voyageurs affirment que cet usage subsiste encore aux Indes.

Sur un bas-relief de la pagode d'Éléphanta, décrite par l'orientaliste Langlès (*Mon. anc. et mod. de l'Indoustan*), on voit derrière Brahma et Indra un serviteur ayant dans chaque main deux *tchaoùnrys* ou chasse-mouches. Le chasse-mouches, en effet, était avec le *parasol* et l'*éventail* un des attributs de la royauté. Le *Mahâbhârata* en fournit quantité de preuves, au sixième livre entre autres, lorsque le poëte représente le sacre de Karna, majestueusement assis sur son trône, « au milieu des acclamations de victoire, et sous les emblèmes du parasol, de l'éventail et du chasse-mouches. »

Dans le deuxième volume du *Râmâyana*, au chapitre consacré à l'intérieur du palais de Râmâ, Valmikî nous montre Lakshmâna monté derrière le dieu Indra, et « lui faisant sentir agréablement les doux offices de l'ombrelle et du chasse-mouches. » Plus loin, il célèbre la vertueuse

Sitâ, laquelle, assise à côté de Râmâ et tenant un chasse-mouches aux longs crins, servait son époux comme Laksmî, une fleur de lotus à la main, sert le grand Vishnou. »

Il n'en est plus de même aujourd'hui. Une curieuse notice (*Descript. of the yak of Tartary*), publiée dans le tome IV des *Asiatic Researches*, édition de Calcutta, nous apprend que le plus misérable palefrenier, la plus humble servante, se servent du *tchaoùnry*, aussi bien que le premier ministre du royaume. Cela explique pourquoi les princes font exécuter pour leur usage des chasse-mouches en filaments d'ivoire, comme celui fabriqué dans les États du Maharadjâ de Joudpour, et exposé, en 1851, à l'Exposition universelle de Londres.

Dupeuty-Trahon, dans son *Moniteur indien*, raconte que, dans l'Inde, lorsqu'un personnage important sort à cheval, il est toujours suivi d'un palefrenier appelé *sâïs* et qui, armé d'un *tchaoùnry* et courant à pied, est constamment occupé à chasser les mouches qui peuvent incommoder le cheval. « Lors même, ajoute-t-il, que l'on sort en équipage, le *sâïs* suit également à pied la voiture, et il va aussi vite que les meilleurs chevaux. »

Nous ne pouvons nous dispenser, pour ce qui concerne l'Inde, de parler de ces gigantesques éventails ou cadres recouverts de mousseline, appelés aussi *pânk'hâs*, et que des domestiques nommés *pânk'hâ-berdâr*, cachés derrière quelque paravent, agitent sans cesse. Dans les maisons des riches Anglais, il y a des *pânk'hâs* dans chaque chambre et au-dessus de chaque tête.

Ces ventilateurs jouent aussi leur rôle dans les hôtels, dans les tribunaux et à l'église. « Ce n'est vraiment que dans les pays froids, lit-on dans les *Mémoires et Voyages* du capitaine Basil Hall, que les salles de bal sont étouffantes. Dans l'Inde, toutes les portes et toutes les fenêtres étant ouvertes, la maison se trouve rafraîchie à plein courant; s'il n'y a point de brise, on s'en procure une artificielle au moyen d'une douzaine de *pânk'hâs* suspendus au plafond, et vous avez des salles de bal aussi aérées que si la belle étoile en formait le fond sur l'esplanade. C'est un fait singulier que cette merveilleuse invention du *pânk'hâ*. Ce vaste éventail, adapté maintenant à presque tous les plafonds dans l'Inde, *est non-seulement une invention anglaise*, *mais encore toute moderne*. Elle fut introduite pour la première fois par les officiers qui servaient avec lord Cornwalis dans la guerre de Mysore contre Tippoo, de 1791 à 1792. L'usage du *pânk'hâ* devint ensuite général, mais non immédiatement, dans les résidences de Madras et de Bombay; ce n'est qu'en 1811 qu'il fut introduit à Java par les Anglais après leur conquête de cette île; je crois même que les naturels ne l'ont pas encore adopté. Il est de fait que les Indous sont bien en arrière des Européens pour tout objet de véritable jouissance, à quoi ils suppléent fort mal par leur clinquant et leur pompe étourdissante. »

L'auteur que nous venons de citer serait peut-être fort étonné d'apprendre que « l'invention anglaise et toute moderne » du *pânk'ha*, loin d'être nouvelle, pourrait être revendiquée par l'Espagne et l'Italie. Voici, en effet, ce qu'écrivait Guez de Balzac, livre II, lettre IV, à propos de la dernière de ces deux nations, où il y avait déjà, sous le règne de Louis XIV, de grands éventails carrés suspendus au milieu des appartements, particulièrement au-dessus des tables à manger, lesquels, paraît-il, lassaient le bras de quatre valets : « J'ai un éventail qui fait un vent dans ma chambre qui feroit des naufrages en pleine mer. » Mais la surprise du célèbre capitaine anglais serait certainement plus grande encore, s'il découvrait que les Assyriens, il y a trois mille ans, se servaient d'éventails à peu près semblables, attachés à une poutre, au-dessus des lits de repos, et qu'un esclave agitait, à l'aide de cordes, comme un balancier. On en a une preuve dans un des bas-reliefs

Fig. 5.

des ruines de Koyoundjik, représenté ci-contre (fig. 5). C'est le cas ou jamais de répéter le vieux proverbe de Salomon : *Nihil sub sole novum.* « Rien de nouveau sous le soleil. »

II

De même que les Indous, les Chinois emploient le chasse-mouches depuis les temps les plus reculés. A l'époque de leur suprématie en Orient, les peuples tributaires de la Boukharie ne manquaient pas de le joindre aux présents qu'ils étaient tenus d'envoyer annuellement. Voici ce qu'on trouve à ce sujet dans l'*Histoire de la ville de Khotan*, traduite des Annales chinoises, par l'orientaliste Abel Rémusat : « La troisième année Thian-fou, Li-ching-thian, roi de Yu-thian (Khotan), envoya Ma-ki-young offrir en tribut (à l'empereur de la Chine) du sel rouge (sel gemme), de l'or natif, *et des queues du bœuf nommé Li.* »

Mais en Chine et au Japon l'usage de l'éventail est plus généralement adopté, car cet objet est regardé par tout le monde comme une partie essentielle de la toilette, une parure d'étiquette et de bon ton.

L'auteur du *Tchêou-li*, ouvrage du onzième siècle avant notre ère, dans la description qu'il donne des chars de l'impératrice, dit, livre XXVII, chap. VII : « L'impératrice a cinq grands chars. Le premier est le char aux plumes de faisan appareillées, » disposées par paires, ajoute un commentateur, pour faire ombrage des deux côtés... « Le second est le char aux plumes de faisan serrées. » Tous ces chars ont des rideaux et un dais, reprend le même commentateur. Les plumes doublées, les plumes serrées du faisan indiquent donc des éventails, puisqu'il est dit que ces trois chars ont des rideaux et un dais. — Quant au cinquième char, « il porte un éventail et un dais en plumes. » L'éventail, continue le commentateur, préserve du vent et de la poussière, le dais est léger et préserve du soleil. »

Le livre VII du même ouvrage montre que ces éventails ou écrans étaient tenus par des porte-éventails ou *flabellifères*. « A l'enterrement de l'impératrice, dit l'auteur en parlant des concubines impériales, elles tiennent les éventails qui décorent le cercueil. » On lit effectivement dans le *Lî Kì* ou « Mémorial des Rites », au chapitre intitulé : *Des objets réservés aux rites* : « Le cercueil de l'empereur et celui de l'impératrice ont chacun huit éventails. Quand le convoi est en marche, on ordonne aux concubines impériales de les tenir. Il y a quatre femmes de chaque côté du char (fig. 6). »

D'après une pièce de vers de Lo-ki, l'invention des éventails remonterait à l'empereur Wou-wang, fondateur de la dynastie du Tchêou (1134 avant J.-C.). Les premiers furent d'abord faits de feuilles de bambou et de

Fig. 6. — Écran chinois, d'après une ancienne miniature de la Bibliothèque nationale.

plumes ; on en fit ensuite de soie blanche unie et de tissus de soie brodés, car selon Hai-tsée, cité par les missionnaires dans leur *Mémoire sur la soie*, « après qu'on eut épuisé tout ce que le génie et l'industrie pouvaient imaginer de plus approchant de la peinture dans les différentes fleurs qu'on fit successivement entrer dans les soieries, on en vint à y introduire des plumes d'oiseaux d'un coloris aussi brillant et aussi changeant que l'arc-en-ciel et des perles assez petites pour se prêter au tissu le plus délicat (fig. 7). »

L'usage de ces riches écrans fut longtemps défendu, et l'on revint aux soieries ordinaires. C'est ainsi que, dans une ancienne poésie chinoise de Ouang-seng-jou, une

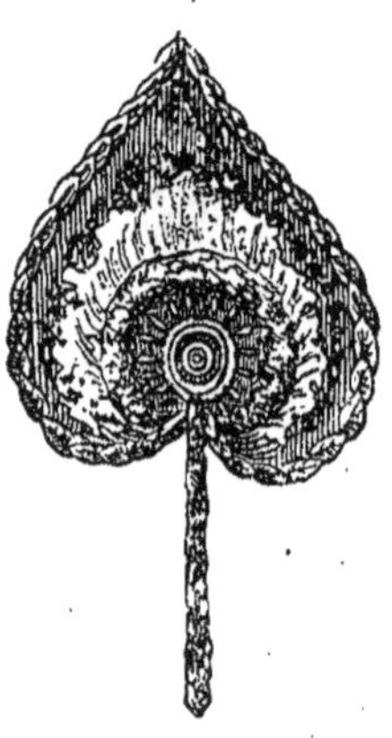

Fig. 7. — Éventail chinois, d'après un modèle chinois de la collection du Louvre.

épouse se compare à un éventail de soie pure dont l'indolent possesseur apprécie les charmes tant qu'une certaine température sait se maintenir ; « mais, hélas ! s'écrie-t-elle, je redoute l'achèvement d'une saison si courte. Qu'il reviendra vite le jour où l'éventail sera mis de côté ! »

Après avoir employé le bambou, les feuilles de palmier et les plumes de paon dans la confection des éventails, les Chinois adoptèrent les plumes de faisan. Voici à quelle occasion : « L'empereur Kao-tsong (650-683 après J.-C.), ayant entendu le cri de bon augure d'un faisan, fit faire des écrans ayant la forme de la queue du faisan, » dit un ancien auteur chinois. Ces écrans, garnis de manches d'ivoire, étaient ceux que l'on agitait aux côtés des souverains. Le poëte Thou-fou, qui vivait précisément sous la dynastie du Thâng, les mentionne dans son *Chant d'Automne :* « Je vois encore s'agiter les éventails en plumes de faisan, pareils à de légers nuages. »

Par la suite, on s'attacha de préférence aux éventails en plumes de paon et aux écrans ornés d'écritures et de peintures, mode renouvelée des anciens temps, comme on le verra par la suite. Un fragment du *Nie-tchong-ki*, traduit par Stanislas Julien et publié par M. Natalis Rondot (*Histoire de l'éventail*), nous apprend qu'un fabricant nommé Chi-ki-long, qui travaillait au commencement de notre ère, avait acquis quelques réputation pour des écrans très-riches. « Il battait de l'or en lames minces comme des ailes de cigale, les appliquait sur les deux faces de l'écran, les vernissait, y peignait des dieux, des oiseaux extraordinaires et des animaux rares, et collait par-dessus des feuilles transparentes de mica. Ces petits écrans étaient appelés *pien-mien,* « commodes pour la figure. » Leur contour était à peu près celui d'un trapèze renversé et à angles arrondis. »

Jusqu'ici on n'avait connu que les éventails demi-elliptiques, demi-circulaires, ou de la forme de la queue du faisan. Bientôt les Chinois adoptèrent les éventails *plissés,* c'est-à-dire qui se fermaient et qui étaient composés, les uns de lames minces et mobiles, les autres d'une feuille effectivement plissée. On ignore, dit M. Natalis Rondot, à quelle époque ce dernier genre d'éventail a été imaginé. Tout porte à présumer que l'invention en est due aux Japonais, celui de leurs dieux qui préside au bonheur étant représenté avec un éventail plissé à la main. La plupart des auteurs chinois, du reste, attribuent à l'éventail plissé une origine étrangère, et ils font remonter son apparition en Chine à l'an 960.

De nos jours l'usage de l'éventail est général en Chine chez les deux sexes et dans toutes les conditions : hommes, femmes, enfants, riches, pauvres, prêtres, lettrés, soldats, l'ont sans cesse à la main. « Dans les grandes chaleurs, dit Abel Rémusat (*Mélanges posthumes d'histoire et de littérature*), le maître prend son éventail après que le thé est bu, et, le tenant avec les deux mains, il fait une inclination à la compagnie, en disant : « Thsing-chen » (je vous invite à vous servir de vos éventails). Chacun alors prend son éventail et s'en sert avec beaucoup de modestie et de gravité. Il serait impoli de ne pas en avoir avec soi, parce qu'on serait cause qu'aucun ne voudrait en faire usage. »

Mais cette infraction aux lois de l'étiquette n'arrive jamais pour ainsi dire, le Chinois, quel qu'il soit, ne pouvant faire un pas sans avoir à la main ce petit meuble indispensable. Écoutons plutôt ce que raconte M. Achille Poussiègle, dans la relation du *Voyage en Chine* de M. et madame de Bourboulon : « Les élégants, qui n'ont ni cannes ni cravaches, agitent leur éventail avec prétention, en se donnant des airs suffisants ; les évolutions que les jeunes filles font faire au leur, forment un langage muet, mais significatif ; les mères s'en servent pour endormir leurs enfants au berceau ; les maîtres pour frapper leurs écoliers récalcitrants ; les promeneurs, pour écarter les moustiques qui les poursuivent; les ouvriers, qui portent le leur dans le collet de leur tunique, s'éventent d'une main et travaillent de l'autre; les soldats manient l'éventail sous le feu de l'ennemi avec une placidité inconcevable. Il y a des éventails de deux formes, ouverts ou pliants : les premiers sont formés de lames d'ivoire ou de papier; ils servent d'albums autographes, et c'est sur un éventail en papier blanc qu'un Chinois prie son ami de tracer une sentence, des caractères ou un dessin qui puissent lui rappeler son souvenir. Ces albums-éventails, sur lesquels sont apposés les sceaux d'hommes illustres ou de grands personnages, acquièrent une grande valeur. »

Tels étaient les éventails d'hommes et de femmes qui faisaient partie de la collection Negroni, vendue à Londres vers 1866. Ces éventails, couverts d'inscriptions, de sentences galantes ou érotiques, et ornés pour la plupart d'incrustations magnifiques, avaient été rassemblés après la guerre de Chine. Ils passaient pour avoir appartenu aux empereurs et aux impératrices.

L'auteur des *Deux jeunes filles lettrées*, délicieux roman chinois, mentionne plusieurs fois les éventails autographes : « Mon unique désir, » fait-il dire par Liéou-kong à la belle et spirituelle Chântaï, « est d'avoir un éventail orné de vos vers. » Or, ajoute le romancier, « toutes les fois qu'on venait prier mademoiselle Chân d'écrire des vers sur des éventails, c'était un vieux serviteur qui les recevait et en prenait soin. » Dans le même ouvrage, le licencié Liéou dit encore à Chân-taï : « Sur un des côtés de mon éventail vulgaire, il y a aussi une peinture ; » celle-ci, l'ayant ouvert, vit sur un des côtés le portrait d'un sage éminent.

Aujourd'hui, en Chine, les éventails-autographes sont devenus des présents diplomatiques. Voici ce que rapporte à cet égard M. Feuillet de Conches, dans le Tome II des *Causeries d'un Curieux :* « Lors de la signature du premier traité négocié par M. de Lagrenée (1868), le célèbre Huân, collègue de Ki-ing, le commissaire impérial, et qui avait fait l'office de secrétaire d'État, offrit également de ses *autographes sur des éventails ;* mais celui-là, académicien et poëte, voulut, dans une circonstance aussi solennelle, donner en même temps un échantillon de sa poésie. Il entreprit les louanges du secrétaire de l'ambassadeur français, le marquis de Ferrière-

Levayer, qui avait tenu la plume à toutes les conférences diplomatiques, et qui, dans l'entrevue dernière, avait, après dîner, fait de la musique sur un piano de *Pan-se-tchen.*

Voici les vers traduits en français :

« Il y avait à Paris un docteur à l'aspect brillant comme le jaspe. Son esprit était éclatant comme la lune d'automne, et ses habits étincelants comme les ondes du printemps.

« Il ressemblait au léopard qui change en secret ses magnifiques pelages, et à l'aigle qui, dans son vol, est habitué aux mouvements gracieux.

« S'il parlait d'armées, c'était comme si on avait ouvert un arsenal. S'il suivait les lois de l'harmonie, il dépassait les maîtres du tympanon.

« En remplissant des magistratures, il est allé dans les grands royaumes. Sa renommée sans tache le parait comme de la soie blanche.

« Il a reçu soudain l'ordre de se transporter en Orient : un navire de guerre a flotté sur le fleuve céleste, comme l'oiseau Fân qui fait 9,000 lieues.

« Immense comme le souffle d'une mousson favorable, il est arrivé à Macao à l'entrée de l'automne.

« Ceux qui accouraient pour le voir obstruaient toutes les avenues. Ses habits d'or avaient un éclat étincelant.

« Son étoile d'argent (la croix de la Légion d'honneur) jetait une foule de traits lumineux. Des paroles admirables sortaient de sa bouche comme des fragments de jade. Son beau maintien le faisait ressembler à une aigrette de pierres précieuses.

« Moi, qui suis un hôte dans le séjour des roses, je vous ai rencontré sur les confins du séjour des immortels.

« Je rougis de ne pouvoir vous offrir des saphirs et du jaspe : je ne puis qu'imiter le poëte San-tso dans cette ode.

« Je l'écris sur une feuille de papier blanc, afin qu'elle console vos pensées futures, quand nous serons séparés.

« Cette pièce de vingt-huit vers, dans le style antique, en rimes de quatrains, a été offerte à Ferrière, premier secrétaire de l'ambassadeur du royaume de France, par Huân qui l'a composée. »

Parmi les éventails chinois conservés en Europe, un seul est resté célèbre autant par sa beauté que par son caractère historique. Cet éventail, donné par l'ambassadeur chinois en 1804, à l'occasion du couronnement de Napoléon Ier, à madame la maréchale comtesse Clauzel, fait partie aujourd'hui de la collection de sa petite-fille madame Ville de Sardelys.

D'après l'*Étude pratique du commerce d'exploitation de la Chine*, par MM. Isidore Hedde, Ed. Renard, A. Haussmann et Natalis Rondot, il se fabrique une immense quantité d'écrans et d'éventails de plumes dans l'empire chinois. Canton occupe un très-grand nombre d'ouvriers à cette fabrication. Nan-king et Sou-tchou ont des genres qui leur sont particuliers. « La chaleur du climat, la petitesse des habitations où l'air ne pénètre que difficilement, la quantité extraordinaire des moustiques, toutes ces causes en rendent l'usage indispensable aux Chinois... On se sert de l'éventail et de l'écran, non pas seulement pour obtenir un peu de fraîcheur par l'agitation de l'air, mais aussi pour se préserver des rayons du soleil. On a varié à l'infini la forme des écrans, mais la plupart sont ronds ou en trapèze arrondi. Les plus ordinaires sont faits avec une seule feuille de palmier, quelquefois peinte ; les autres sont en taffetas de soie, en plumes ou en bambou, brodés, peints ou couverts d'applications, représentant presque toujours des paysages, des femmes chinoises des anciens temps, des oiseaux ou des papillons au milieu des fleurs, etc. Avec les plumes blanches et grises de l'oie et du cygne, les queues des paons, des faisans et surtout de l'argus, on fait des écrans très-élégants dont le manche est en ivoire sculpté. Quant aux éventails proprement dits, il y en a au moins trente genres différents. Ceux en argent ont les montants en argent doré ciselé et les branches intérieures en filigrane avec émail bleu. Dans les éventails en ivoire, en nacre, en écaille, en os ou en bois de sandal, les montants sont sculptés et les branches sont couvertes de sujets ciselés et découpés à jour. Les éventails en laque sont quelquefois entièrement en laque décorée en or fin ; le plus souvent les montants sont en bois laqué et les feuilles en papier peint ; les vêtements des personnages y sont en soie appliquée et leurs figures en ivoire. Les éventails japonais sont aussi très-recherchés en Chine, et, chaque année, les jonques en apportent de Cha-pou de nombreux assortiments dont la vente est très-rapide. Ceux faits en une espèce de gélatine transparente sont les plus jolis. Les artistes employés aux décors des éventails sont d'une habileté surprenante ; ils exécutent un sujet donné en moins de temps qu'il n'en faut à la plupart de nos coloristes. La manière dont ils tiennent le pinceau leur donne un aplomb et une sûreté de main qui leur permet d'exécuter d'un seul trait des lignes d'une grande rectitude et des dessins avec légèreté et finesse. »

L'éventail chinois provenant du palais de Yuen-min-yuen ou Palais d'Été et appartenant à M. Philippe de Saint-Albin, justifie amplement les lignes qu'on vient de lire. Il représente deux jolies habitantes de Péking ou de Canton, occupées à examiner des étoffes chez un marchand de soiries du Céleste-Empire. L'élégance naturelle de leur pose, le charme de leur physionomie et surtout la suavité de ton répandue dans toute la gouache, offrent un rare spécimen de ce que l'art chinois a de plus exquis en ce genre (fig. 8).

Ajoutons qu'au Japon le rôle de l'éventail est aussi important qu'en Chine. Partie intégrante du costume national, il sert quelquefois à prendre des notes, comme un véritable calepin. Quand deux Européens se rencontrent sur les marchés de Yeddo, ils retirent leur chapeau pour se saluer ; en pareil cas, les Japonais se contentent d'agiter leur éventail. Cela nous rappelle une anecdote rapportée par M. Léon de Rosny, et que M. de Siebold croit pleinement historique. La forme de *Dé-sima,* îlot artificiel du Nippon, construit de 1635 à 1636 pour assigner aux Portugais une résidence déterminée, est celle d'un éventail ouvert. Lorsqu'on demanda au grand-général quelle forme il voulait qu'on donnât à l'îlot projeté, l'autocrate japonais se contenta de montrer son éventail! Enfin, ajoute l'auteur des *Études asiatiques,* « c'est sur son éventail que le riche dépose l'offrande qu'il remet au pauvre, et encore sur son éventail que le seigneur reçoit les friandises dont il se régale. L'éventail s'abaisse devant les grands et les accompagne même à la cour, où il sert, en les rafraîchissant de la chaleur du jour, à leur faire prendre en patience les longueurs de l'antichambre. C'est le voile derrière lequel la beauté dérobe son sourire et ses émotions ; c'est le jouet qu'agite nonchalamment sa main rêveuse. C'est l'instrument que le maître d'école tient en main pour punir, et, en même temps, l'objet fa-

Fig. 8. — Éventail chinois provenant du Palais d'Été. Collection de M. Philippe de Saint-Albin (v. p. 27).

vori qu'il possède pour récompenser. Un éventail, placé sur un plateau de forme particulière, annonce au criminel de famille noble la sentence qui le condamne, et c'est au moment où il tend les mains en actions de grâces vers ce funeste présent, que le bourreau doit accomplir son œuvre. »

M. F. Villot, secrétaire général des Musées, possède un *éventail de commandement*, d'origine japonaise, dont la monture de fer rappelle celle de l'éventail représentant un soleil levant, et que le daïmio de Simonosaki envoya à l'amiral Jaurès pour lui demander une trêve après que celui-ci eut forcé les passes de la mer intérieure du Japon.

Mais ce dernier objet est loin d'égaler, sous le rapport de l'élégance et de la finesse du travail, l'éventail appartenant à M. Philippe Burty, et dont l'éminent écrivain a eu l'obligeance de nous communiquer la description.

« Cet éventail est en fer ciselé. Il imite, avec une simplicité et une justesse singulières, un éclat de bambou. Le même motif se répète des deux côtés : c'est un lion de Corée se jouant au milieu d'une plate-bande de pivoines, motif qui doit avoir une signification déterminée,

Fig. 9. — Éventail japonais en fer ciselé (Collection de M. Ph. Burty).

car je l'ai rencontré très-souvent sur des sujets très-divers. Je crois ce motif d'origine coréenne. Il y a des lions en Corée, mais non que je sache au Japon ni en Chine, au moins dans la partie basse de ce dernier empire. Le lion a donc pris pour les artistes de ces deux peuples des formes et des allures fabuleuses.

« Les yeux du lion sont en or incrusté. A l'intérieur, aussi en or incrusté, se trouve la signature de l'artiste, lue par M. Ima-Moura Wa-rô, répétiteur japonais au Collége de France : « Fait par U-da-kané-sigué. » Les brins sont en cuivre jaune. La feuille est sans intérêt : elle représente des bandes horizontales en pointillé d'or, simulant probablement des bancs de nuages qui précèdent le soleil levant, le lever de cet astre que le Japon a pris pour emblème.

« L'éventail est aussi léger que s'il était monté en ivoire. Il est arrivé très-oxydé du Japon, il y a un an. Il provient de la grande débâcle des familles nobles. La rouille ne l'avait en rien altéré et lui a laissé ce ton si puissant et si doux qui n'appartient qu'aux fers anciens, cuits au bois et finement martelés.

« Je ne crois pas que ce soit un éventail de commandement, mais un éventail de prince, de daïmio élégant. Ce jugement m'a été confirmé par un Japonais. C'est un objet de luxe. Il date, je pense, de la fin du dix-huitième siècle. Il y eut à ce moment un mouvement d'art au Japon, qui correspond à notre Renaissance : même recherche dans l'élégance, même abandon des formes hiératiques. Quelques dates relevées sur quelques monuments me permettent cette affirmative, quelle que soit l'obscurité qui couvre l'histoire des arts de ce merveilleux pays.»

La bibliothèque de M. Ph. Burty, riche en albums et en livres japonais, renferme un ouvrage en quatorze volumes in-8°, ornés de bois presque à chaque page, et qui a pour titre : *Collection des Trésors du temple d'Ituku-Sima.* Ce temple, situé sur le bord de la mer, dans la pittoresque province d'Aki, est célèbre dans tout le Japon pour ses curiosités en armes, armures, masques de danseuses, tableaux de maîtres anciens, instruments de musique, manuscrits, etc.

Plusieurs planches de cet important ouvrage reproduisent des éventails de différentes époques, ayant appartenu à des personnages célèbres. Dans le tome VI, on en rencontre trois.

Le premier, monté sur cinq brins adhérents au revers de la feuille, dans le genre de nos montures modernes dites *à l'anglaise*, est un simple papier blanc sur lequel un pinceau a tracé des vers en caractères cursifs.

Le second, du genre dit *brisé*, c'est-à-dire à lames minces et multipliées, paraît poudré d'or et peint. On y voit un jeune prince bouffi, assis dans la campagne auprès d'une roue de chariot renversée et se penchant vers un enfant ou une poupée debout dans les plis d'une longue robe d'apparat.

Le troisième enfin, également *brisé*, reproduit en verso et recto nombre de personnages en costumes anciens, dans de vastes paysages panoramiques. Ces scènes sont tracées en noir.

Cette série, dont l'explication est écrite dans les marges des gravures, est précédée de la reproduction, en *fac-similé*, d'une scène qui a souvent tenté les artistes japonais : sur la grève, des cavaliers regardent un des leurs qui a lancé son éventail dans les airs et qui, de son cheval fendant les flots à la nage, décoche ses flèches sur des barques peu éloignées et chargées de troupes ennemies. Cet éventail de guerre, à demi ouvert, est timbré du soleil levant, armoiries officielles du Nippon (fig. 10). Sans doute, fait remarquer M. Burty, à qui nous devons cette intéressante communication, nous assistons à un trait historique analogue à celui de Condé jetant son bâton de commandement dans les retranchements ennemis, pendant la sanglante bataille de Fribourg (1644).

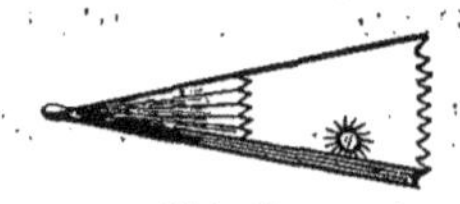

Fig. 10.

Cette *Collection des Trésors du temple d'Ituku-Sima* a un supplément. A la fin du tome premier, on trouve encore la gravure d'une magnifique composition peinte pour un vaste éventail : une nombreuse assemblée de princes et de princesses, de moines bouddhistes de tous âges, est assise et groupée sur plusieurs rangs, en rond. On y peut voir le tableau généalogique de l'antique famille des mikados. C'est superbe de disposition et de variétés de types. Ce dernier éventail porte dans un angle la signature de l'artiste.

III

L'éventail jouissait également d'une haute considération parmi les peuples de l'ancienne Égypte, où le *pedum* et un *flabellum* formé d'une longue plume d'autruche étaient l'insigne ostensible des princes. C'est ainsi que les enfants mâles de Rhamsès le Grand, le Sésostris des Grecs (treizième siècle avant J.-C.) figurés sur un des bas-reliefs de la salle hypostyle du Rhamesséum de Memphis, portent comme insignes de leur dignité le pédum et un éventail formé d'une longue plume d'autruche fixée à une élégante poignée. Ils sont au nombre de vingt-trois, et sont généralement qualifiés de « porte-éventail à la gauche du roi, » dans les titres sculptés au-dessus de la tête de chacun des princes. D'ailleurs, le titre de « porte-éventail à la gauche du roi » est donné en général à tous les princes sur presque tous les autres monuments de cette nature.

Dans la cosmogonie égyptienne, l'éventail était l'emblème du bonheur et du repos céleste. On s'explique alors pour quelle raison dans les triomphes les chars ou palanquins sont représentés environnés d'éventails et de rameaux fleuris. Un grand nombre de monuments indiquent en quoi consistaient la forme et l'ornementation de ces *flabella*. Citons d'abord les peintures murales de Béni-Hassan, où une femme, debout, agite un éventail

Fig. 11.

carré derrière une harpiste. Les fresques du palais de Médinet-Abou, à Thèbes, montrent également le pharaon Rhamsès III, dit le Grand, accompagné de princes qui portent d'élégants écrans de forme demi-circulaire (fig. 11), mais moins ornés cependant que ceux du bas-relief représentant le Triomphe du roi Horus (1657 ans av. J.-C.), où l'on voit deux porte-éventails qui éventent le roi avec deux *flabella* à long manche (fig. 12).

Le *Musée de Boulaq*, organisé par notre compatriote Mariette-Bey aux frais du vice-roi, possède un très-cu-

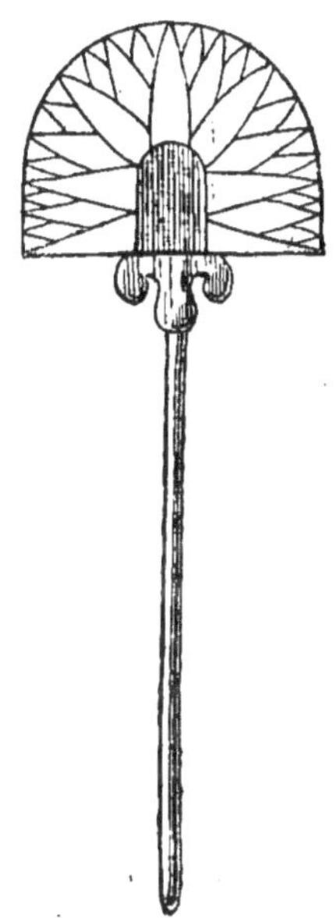

Fig. 12.

rieux flabellum trouvé parmi les bijoux de la reine Aah-Hotep, femme de Kamès et mère d'Ahmosis, fondateur de la dix-huitième dynastie (1703 ans av. J.-C.). Le manche et le couronnement de ce *flabellum* qui, par conséquent, a un peu plus de trente-cinq siècles d'antiquité, sont en bois recouvert d'une feuille d'or. Au pourtour du couronnement on voit encore les trous dans lesquels s'agençaient les plumes d'autruche qui formaient l'éventail proprement dit. Des représentations assez grossièrement sculptées s'y font voir. Ce monument figurait à l'Exposition universelle de 1867.

Ajoutons que les pharaons ou souverains égyptiens avaient à leur suite, outre les princes de leur famille, des serviteurs spécialement chargés du service de l'éventail. Une stèle funéraire du *Musée de Boulaq*, trouvée par M. Mariette-Bey à Abydos, et contemporaine de l'éventail de la reine Aah-Hotep, représente Osiris assis sur son trône : un *flabellifère du roi* nommé *Tiou* et sa femme *Roï* lui rendent leurs hommages.

Les sculptures antiques des palais de Ninive et de Khorsabad confirment l'emploi que les Assyriens faisaient de l'éventail.

Un bas-relief du *Musée Britannique*, à Londres, représentant Sennachérib recevant la capitulation de Lachis, nous montre deux femmes debout derrière le roi assis sur son trône, et tenant chacune un éventail ou chasse-mouches formé d'un manche surmonté de trois feuilles de palmier (fig. 13).

Le bas-relief du Louvre, Assourbanipal, roi d'Assyrie, représente également le monarque ninivite debout sur un char dirigé par deux de ses vassaux, derrière lequel

Fig. 13.

deux esclaves à pied élèvent un éventail fait de la même manière.

Quelquefois, il est vrai, les éventails affectaient, chez ce peuple, la forme carrée comme en Égypte. « Un cylindre assyrien du *Musée du Louvre*, dit à ce sujet M. Layard (*The monum. of Niniveh*, pl. XXX), représente une divinité féminine assise, derrière le siége de laquelle une femme, debout, agite un éventail carré. Il en est de même, ajoute le savant assyriologue anglais, du bas-relief de Nimroud représentant un esclave qui rafraîchit le liquide contenu dans un vase, à l'aide d'un éventail de forme semblable. »

Cette coutume de rafraîchir les boissons semble avoir été commune dans tout l'Orient. Rien n'est plus ordinaire, dans les représentations des usages antiques de l'Égypte, que d'y voir, dans l'intérieur des maisons, comme au milieu des champs, dans les jardins, aussi

Fig. 14.

bien que dans les lieux de travail, des jarres remplies d'eau, posées sur des trépieds de bois, dans les coins les plus abrités des habitations, à l'ombre d'un arbre dans la campagne ou en plein air, rafraîchies par des serviteurs qui agitent l'air autour avec des éventails (fig. 14).

Des Assyriens, les éventails passèrent aux Mèdes et aux Perses, chez lesquels, suivant Xénophon (*Cyropédie*,

VIII) le chasse-mouches devint aussi le symbole de la royauté. On en a des exemples dans les splendides bas-reliefs du grand escalier de Persépolis, lequel, suppose-t-on, conduit aux ruines des appartements particuliers des successeurs de Darius. Dans l'un des tableaux sculptés à l'entrée de l'édifice, on voit, dit le voyageur Porter, la figure élevée du roi qui marche. Il est suivi de ses serviteurs, portant le parasol et l'éventail. Dans l'intérieur du palais, au contraire, il est assis sur son trône ; derrière lui se trouve l'esclave au chasse-mouches, et non celui au parasol, qui lui était inutile.

Les Arabes n'adoptèrent l'éventail que beaucoup plus tard. Il était d'usage, chez eux, vers les premiers siècles de notre ère, d'y tracer des inscriptions. Un ancien poëte, Farazdak, parle de l'éventail dans les vers suivants :

« La charmante jeune fille qui repose sous une tente agitée par la brise,

« Est semblable à la tendre gazelle ou à la perle, objet des vœux du plongeur ; lorsqu'elle avance, on dirait une nuée éclatante.

« Combien sa taille svelte est plus agréable à mes yeux

que l'embonpoint massif de cette femme qui nage dans la sueur, si les éventails cessent de rafraîchir l'air autour d'elle ! »

D'après les contes merveilleux des *Mille et une Nuits*, l'éventail, à l'époque où ce recueil fut composé, était de rigueur parmi les femmes. Ainsi, par exemple, dans le *Dormeur éveillé*, lorsque Abou-Hassan se figure être en personne le Commandeur des Croyants, il entre dans une magnifique salle à manger et se dispose à prendre une légère collation. Aussitôt les sept belles dames qui l'attendaient agitent l'air toutes ensemble avec des éventails pour rafraîchir le nouveau khalife. Mais leur ayant dit qu'une seule d'entre elles suffira pour lui donner tout l'air dont il a besoin, les six dames obéissent et se mettent à table. Il leur demande ensuite leurs noms. Elles s'appellent *Cou d'albâtre*, *Bouche de corail*, *Face de lune*, *Éclat du soleil*, *Plaisir des yeux*, *Délices du cœur*. Il fait également la même demande à la septième, qui porte l'éventail : elle lui répond qu'elle se nomme *Canne de sucre* (CCLVII[e] Nuit).

Aujourd'hui, en Perse et en Turquie, l'éventail est en

activité continuelle dans les harems; agité non-seulement autour des femmes, mais autour du maître, soit pendant son repas, soit pendant son sommeil, il écarte les mouches de l'appartement où il entretient la fraîcheur.

Il en est de même dans nos possessions des côtes d'Afrique, où l'éventail en plumes de paon du dey d'Alger a acquis une importance historique. On se rappelle que, le 30 avril 1827, dans un mouvement de colère, le dey d'Alger en frappa le consul de France, M. Deval, et refusa de faire amende honorable pour cet acte de brutalité. La conquête de l'Algérie, comme on sait, résulta de ce coup d'éventail. Petites causes, grands effets !

IV

Si maintenant le lecteur veut bien se transporter par la pensée jusqu'au Mexique, nous nous retrouverons en face d'une nation puissante et industrieuse, les Toltèques, qui précédèrent les Aztèques dans l'Anahuac, et y dominèrent du sixième au douzième siècle de notre ère. Au rapport de l'historien espagnol Lorenzana, ces Pélasges du Nouveau-Monde étaient déjà très-habiles, du temps de leur civilisateur Quetzacohualt, c'est-à-dire vers 1325, à travailler les pierreries, surtout les émeraudes et les turquoises, « avec un fini que l'art des Européens n'a jamais su atteindre. » Au reste, grâce aux recherches et aux travaux de nos modernes mexicologues, MM. Aubin et Brasseur de Bourbourg, entre autres, on est désormais fixé sur l'état avancé des arts et de l'industrie chez ce peuple extraordinaire qui légua ses institutions aux Mexicains, et dont la civilisation se reflète sur les nombreux monuments sculptés de l'antiquité maya et yucatèque, debout encore aujourd'hui.

L'éventail ou chasse-mouches était très-commun au Mexique avant la conquête. Selon M. Adrien de Longpérier, les Aztèques, de même que les Orientaux, le considéraient comme un symbole d'autorité. Ométéuctli, le dieu du paradis, et Totec, disciple militaire du fondateur de la monarchie mexicaine, sont représentés tenant à la main un flabellum de plumes (fig. 15).

Don Alvarado Tezozomoc, Mexicain d'origine et contemporain de Cortez, nous apprend, au chapitre XLIX de sa *Crónica Mexicana*, manuscrit des *Archives de*

Mexico, que lors de la réception que l'on fit à Ténochtitlan, l'ancienne capitale aztèque, au roi Axayacatl, successeur de Moctheuzoma Ier (1), « le roi Netzahualcoyotl d'Aculhuacan offrit au roi de Mexico un chasse-mouches fait de plumes précieuses nommées *tleoatzehuaquetzalli;* au milieu était un soleil d'or fin entouré de pierres pré-

Fig. 15. — Éventail des anciens Mexicains d'après une sculpture du Musée du Louvre.

cieuses, et une tresse de cheveux dorés. » Le lendemain matin, quelques messagers, après s'être reposés, désirant regagner leur pays, « on leur remit, pour le roi leur maître, un grand chasse-mouches au milieu duquel se trouvait une figure du soleil entourée d'émeraudes. Au-

(1) *Moctheuzoma*, dont nous avons fait *Montézuma*, signifie « prince sévère, prince triste. »

dessus de la figure du soleil était un diadème d'ambre très-brillant » (ch. L).

Les éventails communs ou petits chasse-mouches, se fabriquaient dans la ville de Tchuantepec (ch. L). Il y en avait aussi de bois peint nommés *malacaquetzalli* (ch. LV). Les plus élégants provenaient de la côte de Cozcatlan (ch. LIX) ; ils étaient faits de plumes précieuses et entourés d'oiseaux rares, tels que le *quetzalototome*, le *zacuan* et le *tsiniscantlauquecholi* (ch. LXV). D'autres étaient ornés de croissants d'or (ch. LXVIII), ou d'une quantité de petites pierres précieuses qui jetaient beaucoup de feu. Ceux-ci, très-estimés, puisque l'historien les juge dignes d'être offerts à des rois, s'appelaient des *téocuytlayxcua amatl* (ch. LXXVI).

Enfin, lorsque Moctheuzoma II apprit l'arrivée des Espagnols, il fit venir deux orfévres et deux lapidaires, et leur commanda divers joyaux pour offrir à Cortez. Au nombre de ces bijoux, dit Tezozomoc, figuraient deux éventails « ornés de magnifiques plumes, dont un côté était orné d'une lune d'or, et l'autre d'un soleil de même métal parfaitement poli et qui brillait au loin » (ch. CVII).

V

Mais laissons-là ces peuples, dont la civilisation naissante fut étouffée à son berceau, et remontons le cours des temps jusqu'à l'âge d'or de l'antiquité païenne.

Selon le poëte anglais Jennyns, dans son Idylle sur l'*Origine de l'Éventail*, tirée de l'*Art de danser* du même auteur, l'Arcadie aurait vu naître ce hochet ingénieux, qu'il célébra en vers charmants. Ce n'est là qu'une poétique fiction. Il est reconnu aujourd'hui que les Grecs ont reçu l'éventail des Assyriens, par l'entremise des Phéniciens et des Phrygiens qui en modifièrent quelque peu la forme, avec les bijoux et autres objets de luxe. En effet, quoique sous le ciel de la Grèce antique les zéphirs ne fussent pas plus constants que sous le nôtre, rien ne prouve que ce soit l'éventail qui, pendant les ardeurs de la canicule, ait rafraîchi les charmants visages de Calypso, de Pénélope ou de Circé. Au reste, ni Homère ni Anacréon ne le mettent entre les mains de Vénus.

Quoi qu'il en soit, les branches de myrte, au rapport de Bœttiger, l'acacia, les feuilles triples du platane oriental, ainsi que les feuilles de *lotus*, qui étaient consacrées à Vénus, furent sans doute les premiers éventails qu'on ait connus dans l'ancienne Grèce, témoin ce fla-

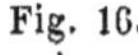

Fig. 16.

Fig. 17.

bellum primitif que tient une femme assise à un festin, sur une stèle enrichie d'une inscription grecque, au *Musée du Louvre* (fig. 16).

Mais l'art apprit bientôt à imiter les feuilles naturelles, et ces dernières cédèrent la place aux feuilles artificielles, dont l'avantage consistait à durer plus longtemps. Un éventail rouge figurant une feuille, tiré d'une peinture de Pompéi, en fournit un exemple (fig. 17).

« Il est possible, dit à ce propos Winckelmann (*Descript. des pierres gravées du baron de Stosch*, p. 101), que les feuilles que l'on voit dans les mains des figures antiques représentent dans quelques occasions des feuilles naturelles; mais toutes les fois qu'on trouve une feuille de forme triangulaire, dont un côté est un peu replié en dedans, c'est certainement un éventail. » Les dessins de la *Noce aldobrandine*, ainsi que la fresque de Pompéi représentant Ariane, confirment la déclaration du célèbre antiquaire. L'Amour ou plutôt le génie d'Ariane tient en

Fig. 18.

Fig. 19.

main un instrument qui, d'après les ornements du manche, n'est plus une feuille de *Nymphæa* consacrée à Vénus comme dans beaucoup d'autres peintures, mais un éventail auquel l'art a donné la forme de cette feuille (fig. 18).

Citons encore une jolie statuette de femme, en terre cuite, de la *Collection Louis Fould*, et reproduite dans le tome VI (1860) de la *Gazette des Beaux-Arts*. Cette figure tient à la main un flabellum en forme de feuille d'arbre, assurément artificielle (fig. 19).

Au cinquième siècle de notre ère seulement, les femmes grecques donnèrent la préférence aux éventails de plumes de paon, appelé l'*oiseau de Junon*, parce que, suivant le mythologue Fulgence, il indiquait la grandeur, la richesse et l'orgueil de la reine de l'Olympe. « Quand l'*oiseau de Junon* déploie sa riche queue et l'étale, dit Gallus dans ses *Fragments*, on ne voit de toutes parts que des yeux et des pierreries. » Ces éventails étaient originaires d'*Asie Mineure*, comme nous l'apprend l'esclave phrygien de l'*Oreste* d'Euripide : « Selon l'usage des

Fig. 20. — Éventail en plumes de paon, d'après une peinture découverte à Stabia.

Phygiens, dit-il, j'excitais un souffle léger près du visage d'Hélène et sur ses boucles flottantes, par le mouvement répété d'un éventail ailé et arrondi avec grâce, suivant une coutume étrangère à ces lieux. »

Casaubon distingue deux usages auxquels on employait certains bouquets de plumes de paon quand ils servaient à chasser les mouches; les Grecs, au rapport de Pollux (X, 94), qui cite à cet égard plusieurs auteurs, les nommaient σοβη, ou bien s'en servaient pour s'éventer, et alors ils prenaient le nom de ῥιπίς, ainsi que l'ont remarqué Hesychius et Hemsterhuys dans son ouvrage sur Pollux (p. 1267) (fig. 20). D'après un fragment de Cléarque, cité par Athénée (VI, 70), les plumes dont on formait ces éventails provenaient de paons originaires de Phocée.

« L'éventail, qui tempère par des brises l'excès de la chaleur », selon les expressions d'Archias, poëte de l'*Anthologie grecque*, était souvent offert à Vénus. « L'offrande d'Anticlée est son éventail, » dit Antipater de Sidon, dans une épigramme du même recueil, où plusieurs jeunes filles font chacune un présent à la déesse de Paphos. « Cet éventail, toujours agréable par les douces brises qu'il amène, Parménis le consacre à l'aimable Vénus-Uranie, » dit également le poëte Dioscoride.

Les Étrusques, chez lesquels on vit régner de bonne heure le luxe oriental qu'ils transmirent plus tard aux Romains, employaient également des éventails généralement faits de plumes de paon de longueurs inégales, étalées en forme de demi-cercle. On jugera de leur élégance d'après le modèle ci-dessous tiré d'un vase italo-grec du *Musée du Louvre* (fig. 21).

Quelquefois cependant les plumes étaient montées de différentes façons, et les habitants de la Grande-Grèce se

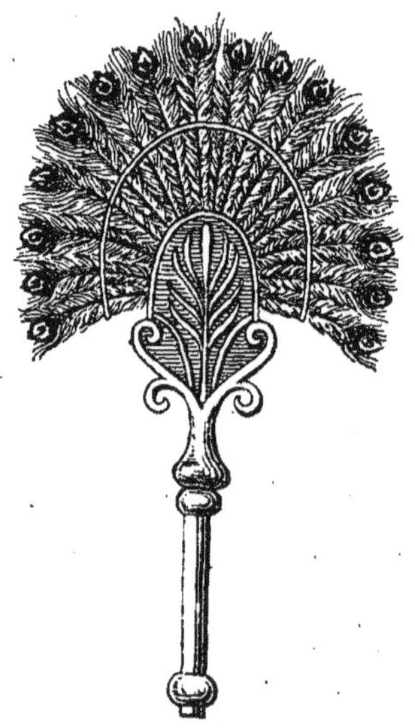

Fig. 21. — Éventail étrusque d'après un vase du Musée du Louvre.

servaient d'éventails moins riches, dont la forme ressemblait assez à celle de nos plumeaux.

Par la suite, l'éventail s'introduisit chez les Romains, qui lui donnèrent le nom de *flabellum*. Térence, dans sa comédie de l'*Eunuque* (III, 5,50), le nomme ainsi. Dès lors, l'éventail fit partie intégrante du *mundus muliebris*, ou, si l'on veut, du mobilier de la toilette des dames romaines. On s'en servait particulièrement dans les thermes, pendant le bain, et au théâtre.

Les éventails les plus recherchés alors étaient, selon Martial (III, 82), ceux de matière précieuse peinte de brillantes couleurs ou de plumes de paon, comme on le voit dans Properce (II, 24, 11 ; 18, 59) : « Il faut, dit le poëte de l'amour à la blonde Cynthie, des éventails semblables à la superbe queue du paon. » Properce, au reste, ne fait que partager l'admiration de ses contemporains pour le plumage de cet oiseau, que les Romains faisaient venir à grands frais de Samos. Tertullien, dans son *Traité du Manteau*, en fait une description splendide : « La plume, dit-il, tient lieu d'habit au paon, et même de l'habit le plus riche. Que dis-je? la pourpre de son cou est plus éclatante que celle des plus rares coquillages. L'or de son dos est plus éblouissant que tous les clous d'or du monde (les astres) ; sa queue balaie la terre plus pompeusement que la plus longue simarre ; mélange d'un nombre infini de couleurs, nuancée, chatoyante, sa parure, qui n'est jamais la même, semble toujours différente, quoiqu'elle soit toujours la même quand elle paraît différente : enfin elle change autant de fois qu'elle se remue. »

Pour en revenir aux éventails, ceux des gens riches avaient ordinairement un long manche, afin que personne ne pût s'éventer soi-même, car la mode exigeait qu'on se servît toujours à cet effet d'un jeune esclave appelé *flabellifer* (porte-éventail). Cet esclave, dont l'emploi consistait à porter l'éventail de sa maîtresse et à l'éventer pour protéger son sommeil contre l'importunité des insectes et de la chaleur, est mentionné par Plaute, dans son *Trinummus* (I, 29). Antiphane, dans un fragment rapporté par Athénée (VI), en avait parlé avant lui; ce qui prouve que l'emploi de *flabellifer* n'était pas inconnu des Grecs. Une peinture de Pompéi, représentant *Ariane abandonnée*, montre le génie d'Ariane comme porte-éventail de l'amante de l'ingrat Thésée. D'autres peintures de cette ville et des dessins tracés sur les vases grecs, représentent des jeunes filles employées aux mêmes fonctions. Les gravures de l'ouvrage de Tischbein (t. I, pl. XVIII) offrent la figure d'une de ces porteuses d'éventails.

Le satirique romain Lucile, poëte de l'*Anthologie grecque*, lance une épigramme comique contre les *flabelliferes* maladroits qui faisaient leur service gauchement : « Démétrius, en éventant pendant son sommeil la petite et légère Artémidora, l'a lancée hors de la chambre. »

Les Romains employaient aussi une espèce de chasse-mouches, appelé *muscarium*, plumasseau fait de longues plumes de paon, cité par Martial (XIV, 67), ou formé de la queue d'une vache (*ibid.*, 71). Mais ces derniers, dont la mode paraît avoir été apportée de l'Inde, n'eurent pas à beaucoup près le succès des *tabellæ*, nouveau genre d'éventails construits à l'aide de petites lames de bois précieux ou d'ivoire très-minces, comme l'a prouvé Heinsius. Les élégants les portaient quand ils accompagnaient leurs maîtresses, et les en éventaient galamment. « Veux-tu, dit Ovide, dans l'élégie sur les jeux du cirque, au IIIe livre des *Amours*, veux-tu qu'un air agréable vienne rafraîchir ton visage ? Cette tablette, agitée par ma main, te donnera ce plaisir ; à moins que ce ne soit le feu de mon amour, plutôt que la chaleur de l'air, qui t'échauffe, et que ton cœur ne brûle d'une flamme charmante. » Le même poëte, au Ier livre de l'*Art d'aimer*, s'écrie également : « Que d'amants ont réussi près d'une belle, en arrangeant un coussin d'une main prévenante, en agitant l'air autour d'elle avec un éventail (*tabella*), ou en plaçant un tabouret sous ses pieds délicats. » Ajoutons que Properce, au livre IVe de ses *Élégies* (9,50), met une *tabella* entre les mains d'Hercule aux pieds d'Omphale. Burmann, dans ses *Commentaires* sur Properce (p. 884), a laissé des notes curieuses à ce sujet.

Malgré la vogue qu'obtinrent ces délicats et précieux éventails, les nombreux modèles représentés sur les monuments figurés autorisent à penser que les *flabella* de plumes et de feuilles de lotus reprirent faveur et subsistèrent longtemps encore. Ce qui prouve que la mode, il y a deux mille ans, était tout aussi changeante qu'aujourd'hui.

VI

Les anciens se servaient aussi de l'éventail pour activer le feu dans les sacrifices ; de là, l'origine de la destination liturgique qu'il eut plus tard. Visconti, dans ses *Osservaz. su due mosaici*, p. 7, cite plusieurs vases grecs sur lesquels on voit cet instrument à la main des femmes qui sacrifient.

De même que les païens, les premiers chrétiens employaient les éventails dans l'usage ordinaire de la vie. Mais laissons un moment la parole au savant abbé Martigny, l'auteur du *Dictionnaire des Antiquités chrétiennes*. « Les moines de Syrie, adonnés aux travaux des mains, s'occupaient à en confectionner ainsi que beaucoup d'objets du même genre, et il est à présumer que saint Jérôme en faisait lui-même dans le désert de Chalcis. Saint Fulgence, évêque de Ruspium, étant encore abbé d'un monastère de la Byzacène, en confectionnait aussi, mais seulement pour le service des autels. Des personnes vouées à la vie dévote offraient volontiers de ces *muscaria* à leurs amis et en recevaient d'eux. Marcella en ayant envoyé à ses amis de Rome, avec d'autres petits présents, saint Jérôme (l. I, ep. 41) l'en remercie de leur part. On conserve dans le trésor de Monza l'éventail de la reine Théodelinde. C'est une feuille de cuir longue et étroite, repliée sur elle-même, à la façon des paravents, et dont les plis sont réunis à un bout par un fil. Parmi les ornements et les dorures dont il est en partie rehaussé, on reconnaît à la partie qui se développe les traces d'une inscription latine, aujourd'hui à peu près illisible.

« Plus tard l'Église ne tarda pas à adopter dans sa liturgie un instrument qui jusque-là n'avait eu qu'une destination profane. Le plus ancien témoignage que nous possédions en faveur du flabellum dans la liturgie sacrée nous vient des *Constitutions apostoliques* (VIII, 9) : il y est dit que pendant la célébration des saints mystères, depuis l'oblation jusqu'à la communion, deux diacres, placés aux deux extrémités de l'autel, agiteront incessamment deux éventails, ordinairement en plumes de paon, soit pour tempérer la chaleur dont le célébrant pourrait être incommodé, soit pour chasser les mouches et les autres insectes qui auraient pu se poser sur les pains ou tomber dans le calice. Photius, dans sa *Bibliothèque* (n° CCXXII, l. 5, c. 25), nous a conservé un curieux passage du moine Job qui, outre les deux principaux buts que s'est proposés l'Église dans l'institution du *flabellum*, nous en révèle un autre d'un ordre plus élevé, et qui est d'empêcher les fidèles, par le mouvement réitéré de cet instrument, de s'arrêter aux superficies et aux apparences, et de les forcer à élever les yeux de leur foi jusqu'aux adorables réalités du mystère eucharistique. Jean Moschus, dans ses *Pratiques spirituelles* (ch. XCVI), rapporte que des enfants de Cœlésyrie, imitant dans leurs jeux le rit du saint sacrifice, n'avaient point oublié celui du *flabellum*, qui était sans doute une des circonstances de la liturgie qui avait le plus vivement frappé leur attention. Enfin nous voyons, parmi les ustensiles sacrés énumérés dans la Chronique d'Alexandrie pour l'église de cette ville, *pretiosa muscaria.*

« Il en est de même de l'Église latine. Les coutumes de Cluny, par exemple, et celles de Saint-Bénigne, à Dijon, nous en fournissent des témoignages. D'après l'ouvrage de Duranti intitulé : *De ritu ecclesiastico*, saint Hildebert avait envoyé un flabellum en présent à un de ses amis. Dès les temps les plus anciens, les *flabella* figuraient au nombre des objets précieux qu'on exposait aux jours de fête dans les églises. Plusieurs monuments en font foi, entre autres une fresque de Saint-Sylvestre publiée par d'Agincourt, une patène antique recueillie dans les catacombes et publiée par le même, une miniature de la bibliothèque Barberini, un verre doré de l'un des trois premiers siècles publié par Boldetti, et un sarcophage antique conservé par Bottari, représentant l'*Adoration des Mages*.

« Dans la liturgie comme dans la vie privée, les *flabella* les plus usités étaient de plumes de paon, ou de membranes très-fines ou enfin de feuilles de palmier. Le flabellum des Grecs est fixé au bout d'une hampe en bois et affecte la forme d'un chérubin à six ailes, comme le rapporte Bona (*De rebus liturgicis*). Celui des Maronites et des Arméniens est de forme circulaire, recouvert de lames de métal et entouré de petites sonnettes.

« L'usage du *flabellum* subsiste encore chez les Grecs et les Arméniens ; il a disparu de l'Église romaine dès le quatorzième siècle, et n'a été conservé que par le Souverain Pontife qui fait porter devant lui deux grands éventails en plumes de paon dans les solennités. »

Le seul monument de ce genre qui existe encore est le *flabellum* de l'abbaye de Saint-Filibert de Tournus (neuvième siècle) : il est orné d'inscriptions en vers et de curieuses peintures. Ce précieux éventail, qui appartient à M. Carrand, de Lyon, a été exposé au *Musée de l'histoire du travail*, à l'Exposition universelle de 1867. Il est presque semblable, comme forme, à l'éventail que tient un enfant, sur une pierre tombale gauloise du *Musée d'Autun*, monument dont on peut voir le moulage au *Musée de Saint-Germain*.

Parmi les *flabella* mentionnés dans les Inventaires des églises et des abbayes, le marquis de Laborde, dans son *Glossaire du moyen âge*, cite le flabellum d'argent de Saint-Riquier (831), celui de soie de Salisbury (1214), celui de soie et d'or de l'église d'Amiens (1250), et celui de plumes de paon de Saint-Paul de Londres (1295).

VII

Pendant tout le commencement du moyen âge, l'Église chrétienne ayant fait du *flabellum* un instrument de culte, en lui donnant un sens mystérieux qui, selon saint Jérôme, était de marquer la continence, il resta dès lors à l'ombre des sanctuaires, jusqu'au commencement du douzième siècle. Cette époque vit renaître parmi les laïques la mode des éventails. Déjà ceux de plumes réunies en touffe ou étalées en demi-cercle étaient très-recherchés en Italie. Ils avaient des manches d'ivoire ou même d'or enrichis de pierreries. Les plumes d'autruche, de paon, de perroquet, de corbeaux des Indes et d'autres oiseaux, les ornaient à profusion.

En France, au treizième siècle, l'éventail prit le nom d'*esmouchoir ;* mais c'était encore le *flabellum* religieux. Comme Estienne Boileau n'en parle pas dans son *Livre des mestiers* (1260), il est possible qu'il ne servît point encore pour les usages domestiques. On ne le voit guère apparaître dans la vie privée qu'au quatorzième siècle. Les inventaires et les comptes du temps mentionnent en effet « l'esmouchoir à tout le manche d'argent, » de la comtesse Mahaut d'Artois (1316), « l'esmouchouer de soye broudé, » ayant appartenu à la Royne Clémence (1328), et enfin « l'esmouchoir de drap d'or, à fleurs de lys, escartelé des armes de France et de Navarre, à ung baston d'yvoire et de geste (jayet), prisié 5 francs d'or, » porté sur le *Compte du testament de la Royne Jehanne d'Evreux* (1372).

Mais il n'y avait guère que les femmes des grands seigneurs qui eussent des éventails. L'imperfection des moyens de fabrication, la rareté des manufactures, et l'idée, alors générale, que la richesse et la beauté du costume étaient synonymes, contribuaient à augmenter considérablement le prix des éventails, qui pour la plupart étaient embellis de plumes rares, de perles et d'or.

Si l'on en juge par le costume des dames représentées sur les miniatures des romans de chevalerie des trei-

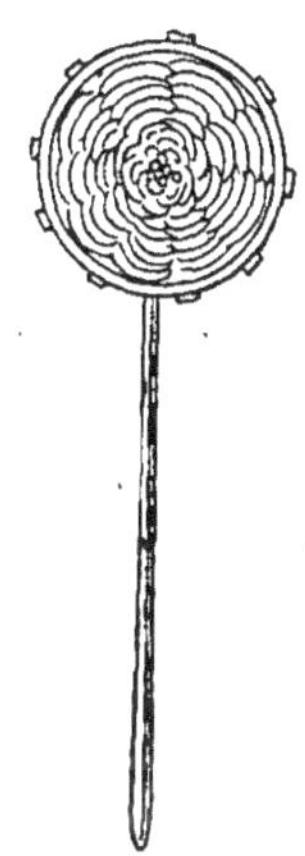

Fig. 22. — Éventail en paille de riz, d'après un manuscrit de la Bibliothèque Nationale.

zième et quatorzième siècles, les éventails ci-dessus mentionnés devaient être de forme ronde, comme ceux qui sont encore en usage à Tunis et à Alger (fig. 22). En voici du reste une preuve tirée de l'*Inventaire du roy Charles V* (1380) : « Un esmouchouer rond, qui se ploye, en yvoire, aux armes de France et de Navarre, à un manche d'ybenus (ébène). »

On faisait aussi, au quatorzième siècle, usage d'écrans à long manche qui étaient agités par des serviteurs, comme autrefois à Thèbes et à Rome. L'*Inventaire de Charles V* les signale ainsi : « Trois bannières, ou esmouchoers, de cuir ouvré, dont les deux ont les manches d'argent dorez. Deux bannières de France, pour esmoucher le Roy quand il est à table, semées de fleurs de lys brodées de perles. »

Vers le milieu du quinzième siècle (1440), les Espagnols portaient de grands écrans ronds, garnis de plumes, comme on le voit dans le recueil de Vecellio (*Degli habiti antichi e moderni di diverse parti del mundo*. Venise, 1590). Mais bientôt les éventails furent apportés de la Chine à la cour de Portugal et en Espagne. Dès lors, les éventails en quart de cercle plissés, d'origine japonaise, s'établirent en Europe après s'être naturalisés en Chine, et finirent par faire abandonner tous les autres. Ce sont des éventails de ce genre qu'ont entre les mains quelques dames françaises représentées dans le recueil d'Alex. Fabri (1593), intitulé : *Diversarum nationum ornatus*.

L'*esmouchoir*, qu'une *Lettre de rémission* de 1384, tirée du *Glossaire* de Du Cange (v° *Eventare*), nomme *esventour*, fut désigné au seizième siècle par le mot *esventoir :* « Des esventoirs de plumes, de papier, de toille, » dit Rabelais, au quatrième livre du *Pantagruel.* On employa ensuite le mot *esventador :* « Ung petit esventador bien fest, » lit-on dans l'*Inventaire des objets d'art et de lingerie de luxe* qui composaient le mobilier de Marguerite d'Autriche, gouvernante des Pays-Bas, morte en 1530. Enfin le mot *esventail* parut et resta. « Esventails faits avec canepin, taffetas et chevrottin, » porte l'article 12 des statuts des doreurs sur cuir, donnés en décembre 1594. Amyot, dans sa traduction des *Hommes illustres* de Plutarque, dit également, *Vie d'Antonin :* « Auprès d'elle de beaux petits enfants, avec des *esventaux* en leurs mains, dont ilz l'esventoient. »

Brantôme est le premier qui, dans les *Vies des dames illustres* (1590), se soit servi de cette dénomination avec l'orthographe actuelle, lorsqu'il parle d'un « éventail avec un miroir dedans, tous garnis de pierreries de grande valeur, » et appartenant à la reine Éléonore. Le même auteur, dans ses *Mémoires,* nous apprend que « la reine

Marguerite donna à la reine Louise de Lorraine une fois pour ses estrennes un éventail fait de nacre de perles, si beau et si riche, qu'on disoit être un chef-d'œuvre, et l'estimoit-on plus de 1,200 escus, » ce qui ferait aujourd'hui, d'après l'appréciation de M. Leber, à peu près la somme énorme de 24,700 fr. ! Peut-être est-ce là l'éventail sur lequel étaient représentés les *faicts merveilleux de Gargantua et de Pantagruel*, mentionné dans la *Farce de Quiolars* (édit. des *Joyeusetez*, *facéties*, etc., p. 22); sujet peu choisi, en tout cas, pour orner l'esprit et le cœur d'une dame.

Suivant M. Natalis Rondot, c'est vers ce temps que l'on a dû abandonner en France l'éventail rond plissé. Dans un curieux manuscrit, écrit sous le règne de François Ier et signalé par M. Paulin Paris, on trouve, en effet, deux dames armées l'une d'un éventail de plumes, l'autre d'un éventail en pique, qui semble fait de pâte de riz. En Espagne, au contraire, les éventails plissés avaient toujours la même vogue. L'album de Christian de Wurzbourg les montre enjolivés de dessins d'or et attachés à la ceinture par un cordon d'or.

Citons, à cette occasion, le ravissant éventail *à quatre*

branches, qui faisait partie de la curieuse collection d'objets d'art de feu M. le comte Horace de Viel-Castel, jadis conservateur de l'un des musées du Louvre. Il est en ivoire découpé et porte, dans un cartouche royal, la *Salamandre ;* les branches représentent des portiques sous lesquels se trouvent de charmantes figures de femmes ; le bord de l'éventail est garni de plumes.

Les éventails italiens, sortes d'écrans ronds entourés de plumes, que l'on connaissait déjà depuis la mort de Louis XII, furent mis en vogue à la cour de France par Catherine de Médicis ; les parfumeurs venus à la suite de la reine les fabriquaient et les vendaient. C'est un éventail de ce genre que tient, sur un émail de l'ancienne *Collection Jansé*, la princesse Élisabeth d'Autriche, femme de Charles IX. Ce portrait, dû au célèbre émailleur Léonard Limosin, est daté de 1572. Il appartient à M. Beurdeley.

Ajoutons que ces écrans étaient employés concurremment avec les « evantailz de cuir et façon du Levant, » mentionnés dans l'*Inventaire des meubles de Catherine de Médicis* (1589), laquelle en possédait cinq de cette dernière espèce.

Pierre de l'Estoile, dans son Journal, nous apprend que le roi Henri III usait de l'éventail comme une femme. « On luy mettoit à la main droite un instrument qui s'estendoit et se replioit en y donnant seulement un coup de doigt, que nous appelons ici un esventail; il estoit d'un vélin aussi délicatement découpé qu'il estoit possible, avec de la dentelle à l'entour de pareille étoffe. Il estoit assez grand, car cela devoit servir comme d'un parasol pour se conserver du hasle et pour donner quelque rafraîchissement à ce teint délicat. Tous ceux que je pus voir aux autres chambres en avoient un aussi, de même estoffe ou de taffetas avec de la dentelle d'or et d'argent à l'entour. » (*L'Isle des Hermaphrodites*, 1588.)

Les éventails étaient alors fort à la mode; « et plusieurs (dames) les aimoient tant, dit Henri Estienne dans ses *Dialogues du nouveau langage françois*, de la façon qu'elles les font faire maintenant, que, l'hyver venu, elles ne les peuvent abandonner; mais s'en estant servies l'esté pour se faire vent et contre la chaleur du soleil, les font servir l'hyver contre la chaleur du feu. »

Pendant le cours des quinzième et seizième siècles, le

luxe des éventails se répandit d'une manière extraordinaire en Italie. Si l'on s'en rapporte aux recueils de costumes du temps, ceux de Jean-Jacob Boissard, de Besançon (1581), et du Vénitien Cesare Vecellio (1590), entre autres, trois genres se partagèrent la vogue durant cette longue période.

Fig. 23. — Éventail à touffe (Italie, XVIe siècle).

1° Les *éventails de plumes* (fig. 23). Ils étaient choisis par les dames nobles de Milan, de Venise, de Padoue, de Mantoue, de Naples, de Florence, de Pise et de Paris. On en a une preuve dans une tapisserie encadrée formant tableau, appartenant à M. Spitzer, et représentant Henri II et sa Cour, où l'on voit une princesse s'éventer avec un éventail de plumes garni d'un petit miroir. Madame Achille Jubinal possède un éventail vénitien de ce genre, extrêmement curieux. Le manche d'ébène est orné d'une monture en métal argenté du XVIe siècle. Il se portait suspendu à la ceinture, au moyen d'une chaîne en anneaux ornée de pandeloques à figurines en relief.

2° Les *éventails plissés* (fig. 24), dont la mode paraît

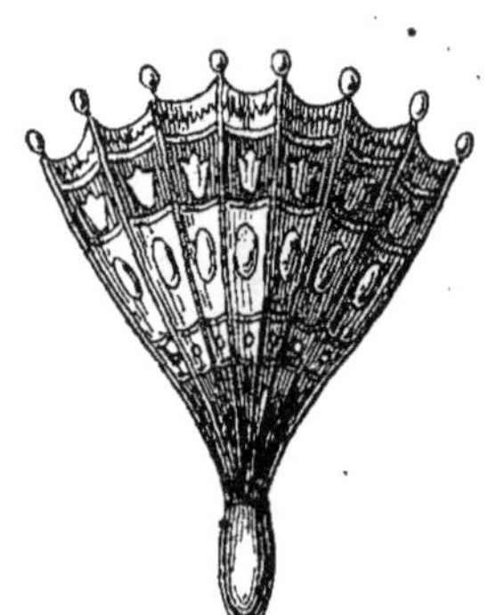

Fig. 24. — Éventail de Ferrare (XVIe siècle).

être venue de France, comme l'atteste un personnage du *Bal sous Henri III*, tableau contemporain appartenant à M. Dupont-Auberville. La princesse Orsini, représentée en pied dans un autre tableau appartenant à M. Spitzer, tient également un éventail plissé d'une forme analogue, et suspendu à une chaîne d'or attachée à la ceinture. Cette espèce d'éventails se portait à Rome, à Ferrare, à Turin, à Naples.

3° Les *éventails en forme de drapeau*, ou *éventails-girouettes* (fig. 25). Ils étaient faits de drap d'or et de soie, et se voyaient surtout à Venise, à Naples et à Padoue. La *Femme du Titien*, chef-d'œuvre conservé dans la galerie

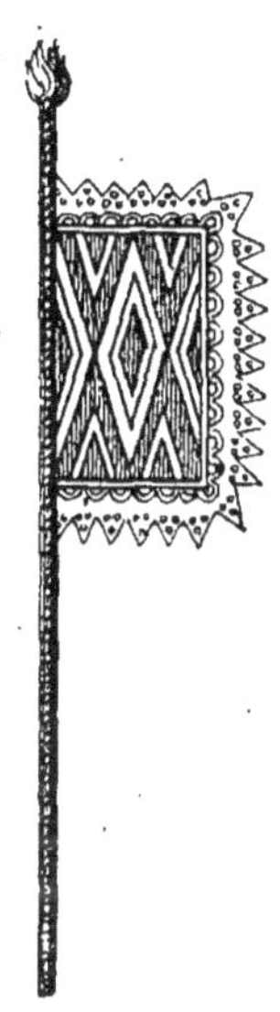

Fig. 25. — Éventail-girouette de la Femme du Titien.

de Dresde, tient un éventail de cette forme, dont les analogues sont encore aujourd'hui fort goûtés en Espagne, en Turquie, en Égypte, en Algérie et au Maroc.

L'éventail en forme de drapeau, immortalisé par le pinceau du Titien, est celui que portaient les femmes mariées. Mais il en existait un autre de la même espèce, d'une blancheur éblouissante, appelé *abanico de novia*, ou éventail de fiancée, spécialement destiné à rafraîchir le visage des jeunes filles à marier.

Ce genre d'éventail est excessivement rare. Nous n'en connaissons qu'un exemplaire unique, appartenant à madame Achille Jubinal. Ce spécimen authentique est en parchemin blanc découpé à jour et enrichi de dentelle de Venise du seizième siècle.

Il n'en était pas de même en Angleterre, où, après avoir fait son apparition sous Richard II, à la fin du quatorzième siècle, l'éventail s'acclimata et se répandit peu à peu dans les hautes classes, principalement à l'époque du roi Henri VIII. Élisabeth, cette reine-vestale, comme l'appelle Shakespeare, le mit en faveur et institua ce usage, encore suivi de nos jours, que c'est le seul présent qu'une souveraine puisse accepter de ses sujets. Aussi reçut-elle, au jour de l'an, un éventail dont le manche d'or était enrichi de diamants. Nichols, dans son ouvrage sur les voyages de cette reine, a donné le dessin de ce bijou, qui ne manque pas d'analogie avec l'éventail de plumes monté sur un manche de métal ciselé orné de pierres précieuses, gravé en tête d'une comédie anglaise imprimée en 1616 et intitulée : *La femme doit avoir sa volonté.*

Le portrait d'Élisabeth, à Gorhambury, représente la protectrice des éventails avec un *flabellum* qui probablement fut choisi parmi les trente éventails énumérés dans l'inventaire de la garde-robe de cette reine, fait en 1660.

Il n'est donc pas surprenant, remarque Malone, le commentateur de Shakespeare, que les éventails contemporains du grand tragique anglais coûtassent jusqu'à 40 livres sterling. Si l'on en juge par ceux que reproduit Fairholt, dans son *Glossaire du costume en Angleterre*, ils étaient de plumes d'autruche et ressemblaient à nos plumeaux. De plus, les manches d'or et d'argent les rendaient assez précieux pour tenter la cupidité des voleurs, comme on le voit par une scène des *Joyeuses commères de Windsor*, dans laquelle Falstaff dit à son camarade Pistol : « Lady Brigitte a perdu son éventail, et je lui ai assuré sur l'honneur que tu ne l'avais pas volé. »

Ajoutons que ces éventails précieux se portaient suspendus à la ceinture par une chaîne d'or, coutume italienne renouvelée du moyen âge.

VIII

Au dix-septième siècle, la mode des éventails était générale en Europe. Voici ce que le voyageur anglais Coryat écrivait, en 1608, au sujet de l'Italie : « Hommes et femmes portent des éventails pour se rafraîchir pendant la chaleur, en s'éventant souvent le visage. Presque tous ces éventails sont élégants et jolis. La monture se compose d'un morceau de papier peint et d'un petit manche de bois, et le papier qui est collé dessus est, des deux côtés, très-curieusement orné d'excellentes peintures, soit de scènes d'amour avec des vers italiens écrits au-dessous, soit de quelque ville fameuse d'Italie avec une courte description. Ces éventails sont à bas prix, car on peut en acheter un des plus beaux pour une somme qui équivaut à un *groat* d'Angleterre » (1).

(1) Le *groat* était une petite monnaie d'argent de la valeur de quatre deniers sterling.

En Espagne où, d'après les *Dialogues* de Henri Estienne, les écrans ronds garnis de plumes étaient très-anciennement connus, un peintre de genre renommé, Cano de Arevalo, fit fortune en s'adonnant entièrement à créer de jolis épisodes sur des éventails préparés. Quilliet, dans son *Dictionnaire des peintres espagnols*, raconte une anecdote assez curieuse : « Pour avoir un débit prompt et lucratif de ses compositions, il se servit d'un singulier stratagème : il se renferma dans sa maison pendant tout un hiver, et peignit une grande quantité d'éventails. La saison de vendre étant arrivée, notre peintre supposa qu'il avait reçu de Paris un envoi considérable, et, en peu de jours, il ne lui resta aucun éventail (de ceux qu'il avait peints). Comme cet essai lui donna de grands avantages, il se dédia entièrement à ce genre, et y réussit tellement, que la reine le nomma son peintre. » Il résulte de ce passage que nos articles d'exportation, pour ce qui concerne l'éventaillerie, étaient déjà à cette époque extrêmement goûtés au delà des Pyrénées. Or, puisque Cano de Arevalo s'était fait une spécialité de la peinture d'éventails, — absolument comme de nos jours M. Soldé, — ne serait-

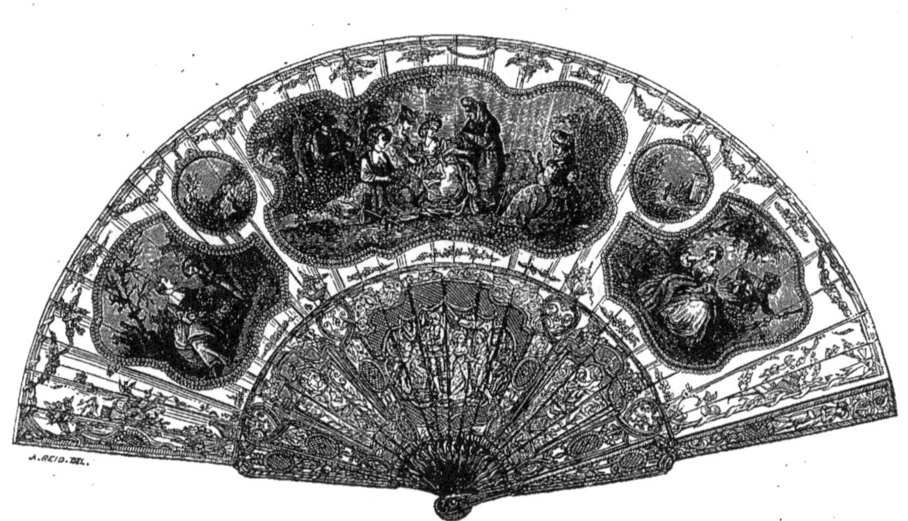

Fig. 26. — Éventail espagnol (fin du xviie siècle) appartenant à Lady Lindsay.

on pas en droit de supposer que le charmant éventail espagnol (dix-septième siècle) appartenant à Lady Lindsay, et que nous reproduisons ci-contre, a été exécuté par cet artiste? L'excellence de la composition justifie pleinement cette hypothèse (fig. 26).

Quant à l'Angleterre, les éventails de plumes avaient fait place, dans ce pays, à ceux qui se ployaient.

Ces derniers, depuis longtemps, s'étaient généralisés en France, et, sous Henri IV, les merciers en faisaient le plus grand commerce. Ils employaient les tabletiers, les peintres et les doreurs sur cuir. Ceux-ci revendiquèrent, sous ce règne, la qualité d'éventaillistes, en s'appuyant sur l'article 12 de leurs statuts, conçu dans les termes suivants : « Pourront garnir... éventails faits avec canepin (1), taffetas et chevrottin (2), enrichis et enjolivez, ainsi qu'il plaira au marchand et seigneur le commander. »

Cette prétention fit naître de longues contestations entre les industriels qui fabriquaient les éventails et les merciers qui les vendaient. On conçoit combien cette

(1-2) Épiderme de peau d'agneau et de chevreau.

Fig. 27. — Éventail Louis XIII (collection de madame Achille Jubinal).

hostilité réciproque fut désavantageuse pour les artistes, dont le talent dut être soumis à de rudes épreuves. Un superbe éventail, peint sur peau, prouve d'une manière irrécusable la supériorité de certains peintres éventaillistes de ce temps, inconnus aujourd'hui. Cet objet d'art unique, qui fait partie de la belle collection de madame Achille Jubinal, représente le roi *Louis XIII jouant au colin-maillard avec les quatre parties du monde* (1). La peinture, du plus grand style comme composition et comme dessin, offre encore aujourd'hui un coloris extraordinairement chaud de ton, qui révélerait peut-être la présence à Paris d'artistes vénitiens adonnés exclusivement à la peinture d'éventails (fig. 27).

Pour en revenir aux éventaillistes et aux merciers, Louis XIII les laissa se quereller sans se soucier autrement de leurs plaintes. Mais, en 1664, un arrêt ayant

(1) Le même sujet a été interprété par plusieurs artistes de l'époque, à quelques différences près. Ainsi, l'orfèvre qui a travaillé au repoussé ou ciselé le hausse-col d'argent bruni du roi Louis XIII, exposé jadis au Louvre, a représenté Louis le Juste assis sur le trône. Les quatre parties du monde lui offrent des présents ; deux lui donnent de l'or, un autre de l'encens, l'Europe met à ses pieds un globe, symbole de puissance, un cœur en témoignage d'amour. Sur la marche du trône sont inscrits ces mots : LUDOVICUS XIII SOLUS REGNO IMPERIOQUE TOTIUS ORBIS DIGNUS. « Louis XIII, seul digne de la royauté et de l'empire du monde entier. » (H. Barbet de Jouy, *Cat. du Musée des Souverains*, n° 105.)

autorisé les marchands merciers à faire peindre et dorer les éventails par les peintres et les doreurs, et de les faire monter *par qui bon leur semblerait*, les doreurs sur cuir, déboutés de leur demande, furent contraints de vendre « les éventails qu'ils feraient, eux et leurs ouvriers, sans pouvoir se servir de pinceaux ni les garnir d'autres ornements que la dorure qu'il était permis de faire par les statuts. »

Neuf ans après, une déclaration de Louis XIV, datée du 23 mars 1673, augmentait le nombre des communautés déjà existantes à Paris et dans tout le royaume. Quelques doreurs sur cuir s'adjoignirent alors des ouvriers exerçant la profession d'éventaillistes, au nombre de soixante, et demandèrent à être érigés en communauté particulière, sous le titre de maîtres évantaillistes, faiseurs et compositeurs d'éventails de Paris. Le roi accueillit favorablement cette requête, et, par lettres-patentes des 15 janvier et 15 février 1678, érigea les éventaillistes en corps de jurande et maîtrise et confirma leurs statuts. « Aux termes de ces règlements, » lit-on dans la *Statistique de l'Industrie à Paris* pour l'année 1860, publiée par la Chambre de commerce, « le métier de maître éventailliste consistait à faire fabriquer et à composer un éventail dans toutes ses parties. L'éventailliste avait la permission de peindre les éventails, d'imprimer avec le pinceau et sur toutes sortes d'étoffes telles que canepin, cuir, *franchipane* (1) ou autres, des figures d'oiseaux, des fleurs, des paysages ou des personnages, mais il lui était défendu d'exécuter aucun ouvrage et peinture en dehors de ce qui servait à son industrie, et de fabriquer aucun bâton d'éventail; il devait acheter ces objets aux peigniers et aux tabletiers, ou bien aux orfévres, lorsqu'ils étaient en or ou en argent. »

D'Alembert, dans ses *Réflexions et anecdotes sur la reine de Suède*, raconte que Christine se trouvait à la cour de Louis XIV, lorsque la mode des éventails s'y généralisa (1656-1657). Plusieurs dames de haut rang, ignorant que l'irascible, fière et railleuse fille de Gustave-Adolphe éprouvait, comme elle l'avoue elle-même, « une aversion et une antipathie invincibles pour tout ce que font et disent les femmes, » lui firent la politesse de lui

(1) Plus exactement *frangipane*, sorte de peau parfumée avec la frangipane, parfum mis à la mode par le marquis italien *Frangipani*, dont il prit le nom.

demander si elles devaient adopter la coutume d'en porter en hiver comme en été. La reine de Suède répliqua grossièrement, avec une rude franchise : « Je ne crois pas : vous êtes assez éventées sans cela. »

Les dames de la Cour, piquées de la brusque répartie de la cruelle maîtresse de Monaldeschi, résolurent, pour se venger, de mettre les éventails en faveur dans toutes les saisons. Profitant d'une circonstance aussi favorable, la mode se hâta d'en faire des bijoux dignes de figurer dans la grande parure. Le bois ordinaire de leurs flèches fut remplacé par d'autres supports précieux et odoriférants, les feuilles se couvrirent de gouaches élégantes dues à des artistes supérieurs, et l'on vit resplendir en même temps sur les montures l'or, les perles, les émaux et les pierreries. Si bien que bientôt on n'osa plus se présenter dans la belle société qu'avec des éventails dont la délicatesse du travail égalait la richesse de la matière.

Depuis longtemps déjà, l'éventail avait fait de véritables progrès en France ; mais, à partir de cette époque, il arriva à son plus haut degré de perfection. Les éventaillistes apprirent des Italiens à reproduire les tableaux des maîtres, et l'art français de ce siècle, si gracieux dans sa force et dans sa majesté, sut admirablement encadrer dans l'ivoire, la nacre et l'écaille, quelquefois rehaussé d'incrustations et de pierreries, les chefs-d'œuvre de la peinture.

Le superbe éventail attribué à Charles Lebrun, le peintre des *batailles d'Alexandre*, et qui à la mort de madame Furtado passa dans la collection de madame Heine, paraît avoir été exécuté à cette époque. Il en est de même de l'*éventail d'église* peint, dit-on, par Philippe de Champaigne, vers 1660. Ce joyau de haut prix représente la « *Légende de la traduction des Septante,* » et appartient à madame la comtesse de Dudley (1).

Nous ne pouvons passer sous silence l'admirable éventail que possède madame la comtesse de Beaussier. Cet éventail, peint sur peau, mais dont la monture a été détruite, représente en costume du temps (commencement du règne de Louis XIV), des dames et des seigneurs de

(1) Nous croyons devoir conserver, dans le courant de cet ouvrage, les attributions fournies par les propriétaires des éventails que nous aurons à décrire. Le moment viendra plus tard de faire nos restrictions. Nous en avons, au reste, déjà dit quelques mots dans notre préface.

Fig. 28. — Éventail Louis XIV (Collection de madame la comtesse de Beaussier).

la cour de France, dansant dans un parc devant un groupe de musiciens. L'élégance du dessin, la fraîcheur du coloris et le charme de la composition, magnifiquement encadrée d'ornements grandioses au milieu desquels se divertissent de gracieux amours, en font un tableau hors ligne, que l'on attribuerait volontiers à Mignard (fig. 28).

Le richissime éventail Louis XIV, provenant de la collection de la reine Marie-Antoinette, et qui appartient aujourd'hui à S. M. la reine Victoria, peut seul être comparé à celui que nous venons de décrire. Ce chef-d'œuvre est décoré de scènes mythologiques renfermées dans trois cartouches du plus grand style; au-dessus se trouve un groupe de musiciens séparés du reste de la composition par une élégante draperie (1).

Mentionnons encore l'éventail de M. Delaville le Roulx, sur la splendide monture duquel on voit le mariage d'Hercule, fils d'Alcmène. Il est attribué à Lemoine, et paraît dater, si l'on en juge par le style, de la fin du règne de Louis XIV. Lemoine pouvait avoir alors

(1) *Fans of all countries.* A series of twenty photographs of spanisch, french, german, italian and english fans, Pl. XIII. London, 1871, in-4°.

vingt-sept ans. La feuille, délicieusement gouachée, offre un sujet tiré de la *Jérusalem délivrée* (chant XV) et représente Ubalde et le Danois pénétrant dans les jardins d'Armide, devant la fontaine du Rire.

« Voilà, disent les deux guerriers, voilà la fontaine du Rire, cette fontaine funeste qui coule pour le malheur des mortels. Mettons un frein à nos désirs et craignons l'illusion de nos sens. Fermons l'oreille aux chants des Sirènes qui vont tenter de nous séduire. » Cependant ils avancent jusqu'à l'endroit où les eaux se répandent dans un vaste bassin et y forment un lac.

« Sur la rive, une table élégamment servie offre à leur vue les mets les plus délicats; deux nymphes d'un air voluptueux folâtrent dans les eaux ; elles s'y défient à la nage, quelquefois elles s'y plongent tout entières, et en reparaissent, découvrant de nouveaux trésors.

« Les cœurs des guerriers sont émus à leur aspect : ils s'arrêtent pour les contempler; elles continuent leur badinage ; enfin l'une des deux s'élève sur la surface du lac et présente à leurs yeux sa gorge d'albâtre..... Le reste de son corps paraît à demi sous le voile liquide dont il est entouré ; l'eau tombe en gouttes brillantes de sa blonde chevelure.

« Telle paraît l'étoile du matin tout humide de rosée, ou telle on vit autrefois la mère de l'Amour sortir de l'écume féconde des mers. Ses regards distraits errent sur la rive ; elle feint d'apercevoir pour la première fois les deux étrangers ; le rouge de la pudeur vient colorer ses joues.

« Elle détache ses cheveux qu'un nœud rassemblait sur sa tête, ils tombent et couvrent d'un voile d'or l'ivoire de son cou. Que de charmes disparaissent ! mais un charme nouveau les remplace : elle reporte sur les deux guerriers des yeux où la honte se mêle à la joie.

« Elle rit, elle rougit, et le rire sur ses lèvres s'embellit du fard de la pudeur. Enfin d'une voix touchante, et qui pourrait amollir les cœurs les plus durs : « Heureux étrangers, leur dit-elle, un destin propice vous conduit dans le séjour de la félicité. »

Comme on le voit, la magnifique description de Torquato Tasso est fidèlement reproduite, et les magnifiques pinceaux du peintre ont certainement égalé les vers harmonieux du poëte (fig. 29).

Les portraits contemporains, les gravures de Callot, de

Bonnart et les compositions des frères de Bry, montrent

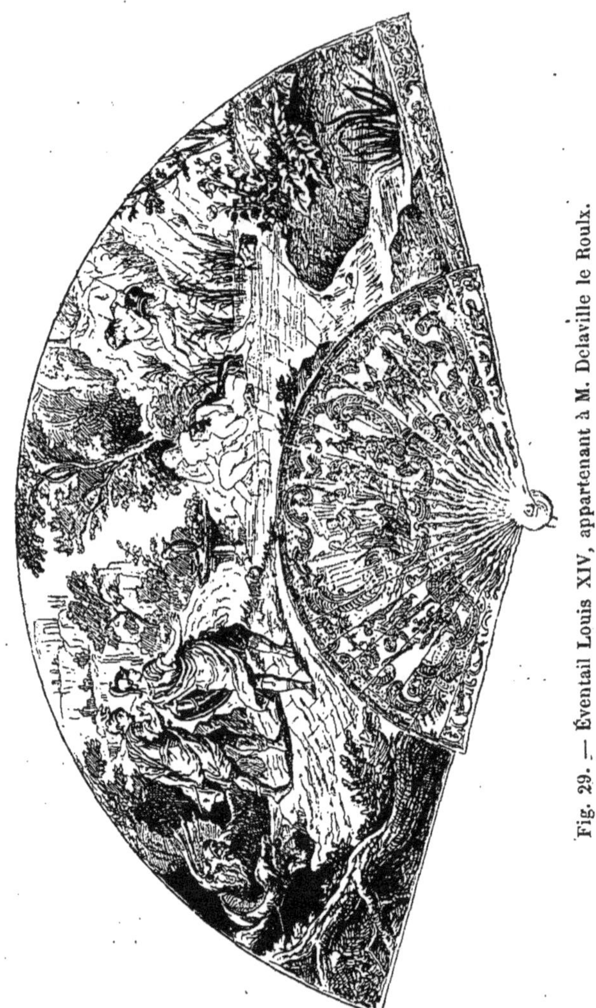

Fig. 29. — Éventail Louis XIV, appartenant à M. Delaville le Roulx.

quelle était chez nous la forme des éventails au dix-septième siècle. Depuis Louis XIII, la mode exigeait que l'on mît des rubans partout : celui qui pendait à l'éventail se nommait *badin*. Une des principales estampes du célèbre graveur Abraham Bosse (1605-1678), représentant la *Galerie du Palais*, et dont M. Victorien Sardou possède une épreuve originale, indique où se vendaient alors les éventails :

Icy faisant semblant d'acheter deuant tous
Des gands, des *Éuentails*, du ruban, des dentelles,
Les adroits Courtisans se donnent rendez-vous,
Et pour se faire aimer galantisent les belles.

Les plus belles sculptures sur nacre datent de ce temps, car, nous le répétons, l'éventail était regardé comme un objet du plus grand luxe. Entre les mains des séduisantes beautés qui faisaient le charme de la Cour, il devint naturellement le complément indispensable de la toilette féminine et l'auxiliaire de la coquetterie la plus raffinée.

Un éventail du dix-septième siècle, conservé dans la précieuse collection des *Émaux et bijoux* du Louvre (n° 1163), offre des ornements peints appliqués sur tulle, dans le genre de l'éventail allemand de la même époque, qui appartient à madame la comtesse de Paris (1). Ce tissu léger nous remet en mémoire une lettre écrite au *Mercure de France*, et datée de Paris, octobre 1672, dans laquelle se trouve le renseignement suivant : « La bordure de la plupart des éventails dont on s'est servi depuis qu'on a commencé à les reprendre, est de *point de France* peint, et sert de tour aux cartouches dans lesquels les peintres mettent à leur ordinaire ce qui leur vient dans l'imagination. » Dans une autre lettre du mois de décembre 1673, le même correspondant écrivant à une dame de province lui apprend qu'on porte « des glands de couleurs, des guipures, des *éventails de satin peint*, et autres de senteur découpez et unis (2). » Enfin, une semblable lettre du mois de juillet 1677, dit : « Les éventails les plus ordinaires sont de peaux de vélin (3), avec des bâtons de calenbourg. On les porte

(1) *Fans of all countries*, Pl. XVI.

(2) Il s'agit ici des *éventails de peau d'Espagne*. Ces éventails célèbres par leur parfum sont mentionnés dans les *Mémoires* de mademoiselle de Montpensier, 5e partie, t. V, p. 198 : « Quoique la reine-mère tînt toujours dans ses mains un éventail de peau d'Espagne, cela n'empêchait pas que l'on ne sentît sa plaie... » Ces éventails provenaient pour la plupart des célèbres parfumeries de Grasse, ainsi que nous l'apprend le *Parfumeur royal*, par Barbe, parfumeur (Paris, 1689).

(3) On peignait autrefois les éventails sur *vélin*, ou *peau de veau* très-

toujours grandes, et les belles peintures sont toujours à la mode. »

amincie, ou bien encore sur *parchemin*, *peau de mouton* ou *d'agneau* appelée aussi *canepin*, et préparée d'une manière exceptionelle. Ce qui explique l'emploi de ces sortes de *peaux*, c'est que les *feuilles* en papier n'avaient pas la solidité nécessaire ; les plis se fendaient au bout d'un certain temps, et très-souvent la gouache se trouvait détériorée par la réparation.

Depuis l'éventail Louis XVI, qui se faisait généralement sur soie avec paillettes d'or, on avait négligé la *peau*. Après la Révolution, on essaya d'y revenir ; mais le vélin ou plutôt le parchemin spécial, dit *peau de poulet*, qu'on tirait jadis de l'Italie, n'arrivait que difficilement en France. Sous la Restauration, quand s'établit la mode de l'éventail ancien *monté à l'Anglaise*, c'est-à-dire avec baguettes collées derrière la feuille, il fut impossible de retrouver la *peau* en usage aux belles époques. C'est alors que M. Desrochers, le rénovateur de l'éventail en France, s'occupa de faire préparer de nouvelles *peaux* plus minces, plus translucides que les anciennes, connues vulgairement sous la dénomination de *peaux d'Italie* ou de *peaux de cygnes*. Les Italiens, en effet, préparent de longue date la peau de l'oiseau favori d'Apollon, mais pour un tout autre usage : ils en font d'élégantes et légères couvertures de lit. Notre philosophe Montaigne, dans la relation italienne de son *Voyage en Italie par la Suisse et l'Allemagne*, en 1580 et 1581 (t. II, p. 513), dit à cet égard : « On voit à Sienne beaucoup de ces peaux de cygne conservées entières avec la plume, et toutes préparées ; on ne m'en demandait qu'un écu et demi. Elles sont de la grandeur d'une peau de mouton. » Mais rien ne prouve que les Italiens aient jamais employé la peau de cygne pour les feuilles d'éventail qui ne sont, en réalité, que de la peau de chevreau extrêmement amincie et préparée d'une façon particulière.

Quoi qu'il en soit, les premiers essais de M. Desrochers restèrent infructueux ; mais, à force de patience et d'argent, un naturaliste de mérite qu'il employait dans ses recherches, M. Drevon, finit par découvrir les procédés familiers depuis longtemps aux Italiens. C'est alors seulement que l'éventail put recevoir une peinture sérieuse sur une *peau* qui, par sa force et sa souplesse, en a fait un article durable. Ce que nous venons de dire est tellement vrai, que M. Alexandre, gendre et successeur de M. Desrochers, vendait en 1848, à MM. Vanier,

La dimension des éventails tendait, au reste, à augmenter de jour en jour. L'extraordinaire du *Mercure* de janvier 1678, article *Garde-Robe des femmes*, dit fort bien que, sous peine de manquer à la bienséance, la grandeur des éventails devait être assortie à l'ampleur des robes; et celles-ci, comme on sait, étaient devenues d'un volume énorme, grâce à l'invention nouvelle des paniers.

La révocation de l'Édit de Nantes, en chassant de la France les protestants, jeta un grand trouble dans le commerce parisien. Brousson, dans son *État des réformés en France* (La Haye, 1686), nous apprend qu'après le 22 octobre 1685, les éventaillistes calvinistes et luthériens, rejetés hors du droit commun, se réfugièrent à Londres, où ils continuèrent d'exercer leur métier. Ils donnèrent ainsi naissance à une industrie dont l'Angleterre aurait pu profiter, et qui n'offrit jamais grand intérêt.

De 1691 à 1707, les guerres qui troublèrent la fin du

Duvelleroy et autres éventaillistes, les seules *peaux* qu'il y eût sur la place. Le fabricant qui fournissait exclusivement M. Alexandre, voyant le succès de ses produits, résolut de travailler pour son propre compte : il fit des offres de services aux autres maisons, et l'éventail sur peau de chevreau, dite *peau de cygne*, fut généralisé.

règne de Louis XIV, celle de la succession d'Espagne, entre autres, furent également très-nuisibles à l'industrie des éventails. Elle ne reprit son entier développement qu'après que le traité d'Utrecht (1713) eut ramené la paix. Certains marchands merciers, dit Savary, dans son *Dictionnaire de commerce*, envoyaient tous les ans des éventails pour plus de 20,000 livres en Espagne, en Angleterre et en Hollande, d'où l'on expédiait ces produits en Amérique et dans le nord de l'Europe. Il y avait des éventails de tout prix ; les articles de luxe coûtaient jusqu'à 30 ou 40 pistoles, c'est-à-dire 300 ou 400 francs la pièce ; les communs se vendaient par grosse. Naturellement ceux-ci offraient un plus grand débit ; ils étaient peints ordinairement sur des fonds argentés avec des feuilles d'argent fin. Les éventaillistes n'employaient que rarement l'or fin à cause de son prix élevé, et jamais l'or faux, dont l'aspect était peu agréable. Les éventails les plus communs recevaient des fonds appelés *pluyes*, qui se faisaient avec de la poudre d'or et d'argent. Quant aux montures, elles étaient de bois, d'ivoire, d'écaille, de corne, etc.

Plusieurs de ces éventails, au travers desquels on

pouvait voir ce qu'on n'eût pu regarder en face, étaient recouverts d'une feuille au milieu de laquelle se trouvaient, entre les flèches (1), une ou plusieurs petites fenêtres garnies d'un verre. La Bruyère, dans son chapitre VII des *Caractères*, intitulé : *De la ville*, en parle d'une façon très-ironique, ce qui provoqua la réflexion suivante à l'auteur du *Ménagiana* (t. II, p. 311) : « Les *éventails à jour* que les femmes portent quand elles vont à la porte Saint-Bernard pour prendre le frais sur le bord de la rivière, s'appellent des *lorgnettes.* » Renseignement, entre parenthèse, qui en rappelle un autre, scandé dans ce joli quatrain :

« Pour cacher la pudeur d'usage,
« Contre un beau front le papier sert,
« Et les brins forment un passage
« Par où l'œil voyage à couvert. »

(1) Dans les éventails modernes, on distingue la *monture* et la *feuille*. La monture, qu'on appelle aussi *pied* ou *bois*, quelle qu'en soit la matière, se compose de petites baguettes de bois, de nacre, d'ivoire, etc., assemblées à l'une de leurs extrémités, dite *tête*, au moyen d'une *rivure*. Les baguettes intérieures se nomment *brins*, leur réunion forme la *gorge ;* les lamelles minces et flexibles qui sont le prolongement des brins, et sur lesquelles on colle l'une des faces de la feuille, s'appellent *flèches*. Enfin les deux branches extérieures s'appellent *maîtres brins* ou *panaches* ; on les fait plus grands que les brins afin qu'ils puissent protéger la feuille lorsque l'éventail est fermé.

Madame Achille Jubinal possède un éventail de ce genre, du temps de Louis XIV, on ne peut plus curieux. Il est en ivoire entièrement découpé à jour, avec appliques en gélatine imitant le mica; ce qui le faisait briller aux lumières et permettait aux yeux fripons qu'il abritait d'y voir comme au travers d'un rideau.

Ajoutons que ces éventails, outre les petites ouvertures vitrées placées entre les *flèches*, étaient parfois munis d'une lorgnette imperceptible, placée au milieu de la *rivure*, qui sert à rassembler les *brins* à leur extrémité. Cette lorgnette, qu'on retrouve encore dans quelques éventails modernes, permettait de distinguer les objets éloignés, tout en badinant avec l'éventail.

Les médisants pourraient préjuger, à tort ou à raison, que Ninon de l'Enclos, qui brilla longtemps encore pendant le règne de Louis XIV, et dont la légèreté est aussi connue que ses spirituelles réparties, recherchait de préférence les éventails à lorgnettes. Cette supposition maligne n'aurait rien de fondé, car la belle épicurienne affectionnait, au contraire, les éventails artistiques ornés de sujets sérieux, témoin l'éventail en écaille incrustée de nacre qui lui a appartenu, conservé précieusement aujourd'hui par madame la comtesse de Chambrun. La gouache représente un épisode du siége de Jérusalem, d'après le poëme de Torquato Tasso : *Godefroy de Bouillon guéri miraculeusement.* A droite, on lit l'inscription suivante : « Offert à Ninon par son ami Saint-Évremond » (fig. 30).

C'est ce même Saint-Évremond, un des plus beaux esprits du temps et des plus assidus adorateurs de la moderne Aspasie, qui lui écrivait, pour la consoler d'une maladie qui lui faisait craindre de perdre sa beauté, ces vers charmants :

Si ce visage tant vanté
Perdoit ces appas qu'on encense,
J'aimerois lors votre beauté
Comme on vous aime en votre absence.

Une telle multiplicité d'éventails confirme la remarque d'un article sur les modes, inséré dans le *Mercure galant* de l'année 1675, où il est dit qu'on voyait alors beaucoup de femmes du monde se rafraîchir avec des éventails de toutes formes, attachés à une chaînette d'or qui leur servait de ceinture, comme l'atteste une planche de la *Noblesse française à l'Église*, par de Saint-

Igny. L'auteur de cet article aurait pu mentionner en même temps les éventails chinois, ceux à *coulisse*, entre autres, car les premiers qui soient venus en Europe, c'est-à dire en Portugal et en Espagne au quinzième siècle, firent leur apparition en France vers le milieu du dix-septième.

Parmi les éventails du siècle de Louis XIV, dont on voit des échantillons dans les collections particulières et les musées, il faut citer en première ligne ceux que madame de Sévigné envoya à sa fille madame de Grignan. Le premier était ce qu'on appellerait de nos jours un éventail *romantique*. « Le chevalier de Buons vous porte un éventail que j'ai trouvé fort joli : ce ne sont plus de petits amours, il n'en est plus question ; ce sont de petits ramoneurs, les plus gentils du monde » (lettre 492). Quant au second, voici en quels termes la spirituelle marquise en parle dans une autre lettre également adressée à madame de Grignan : « Mon éventail est donc venu bien à propos; ne l'avez-vous pas trouvé joli? Hélas! quelle bagatelle! Ne m'ôtez pas ce petit plaisir quand l'occasion s'en présente, et remer-

Fig. 30. — Éventail de Ninon de l'Enclos (collection de madame la comtesse de Chambrun).

ciez-moi de la joie que je me donne, quoique ce ne soient que des riens » (lettre 149). Ce dernier éventail, devenu historique, grâce à la lettre de la célèbre épistolière, est conservé dans la collection de madame la comtesse Duchâtel; il porte, sur une monture en ivoire décorée en vernis Martin, une délicieuse peinture représentant la toilette de Vénus sous les traits de la marquise de Montespan.

Le charmant éventail Louis XIV, appartenant à madame Riant; peut servir de pendant à celui que nous venons de décrire. Il fait également partie du genre dit *brisé*, et représente le *Jugement de Pâris* peint sur ses lames d'ivoire (1).

Madame Achille Jubinal en possède un autre, signé Romanelli, célèbre peintre italien surnommé par ses contemporains *Rafaellino* (le petit Raphaël), et connu en France par plusieurs belles fresques du *Musée du Louvre*, particulièrement celles des salles de *Bains de la Reine*, aujourd'hui salles des *Saisons*. Cette feuille remarquable, malheureusement privée de sa monture,

(1) *Fans of all countries*, Pl. XII.

Fig. 31. — L'enlèvement des Sabines. Éventail peint par Romanelli (collection de madame Achille Jubinal).

mais qui a conservé la trace des plis, offre une preuve indubitable du précieux concours que certains artistes renommés ont parfois apporté aux éventaillistes (fig. 31).

Nous en donnerons pour exemple l'éventail satirique de M. Ph. de Saint-Albin, feuille curieuse attribuée au miniaturiste hollandais Klingstet (1657-1734), lequel travailla longtemps en France, où on le surnomma le « Raphaël des tabatières. » Dans un bois, nombre d'oiseaux à figures humaines avec coiffures spéciales (vraisemblablement des portraits, entre autres celui de madame Dacier) sont attirés vers la Vérité accompagnée de l'Amour qu'un Satyre fait tourner sur un piége. Cette composition est entourée de petits sujets allégoriques. Au verso, paysage. Sur un tertre, une femme écrit ; à sa droite est représenté le Phénix, à sa gauche, le Pélican. Ce sujet, exécuté à l'encre de Chine avec beaucoup de finesse, offre un grand intérêt historique et a probablement trait à la dispute de Lamotte et de madame Dacier, *sur le mérite respectif des anciens et des modernes*.

On nous pardonnera de citer rapidement les charmants éventails Louis XIV conservés par madame la baronne de Lareinty et madame la baronne Haber; mais nous avons hâte de mentionner la trouvaille faite en 1860 à Bordeaux, chez un vieux marchand de meubles du quartier Saint-André, d'un éventail hors ligne dont la date remonte à l'époque qui nous occupe. D'après l'article que lui consacra la *Gazette des Beaux-Arts* (t. VI, 1860, p. 64), « c'est une gouache très-habilement exécutée, et qui représente mademoiselle de la Vallière recueillant, au milieu d'un fastueux jardin, les hommages de la Renommée, de la Victoire, de la Poésie, et de tous les beaux-arts personnifiés par de gracieuses figures de femmes. La peinture fait le portrait de la duchesse; la sculpture taille son buste dans un marbre; l'architecture lui soumet les plans d'un édifice, — et ainsi, selon son caractère, de chacune des figures allégoriques. Pallas dépose son bouclier et sa lance, et brode au pied du trône sur lequel est majestueusement assise mademoiselle de la Vallière; l'Amour cherche à lire, dans des signes cabalistiques, la destinée de la séduisante duchesse. L'ensemble de la composition est du plus charmant effet; le dessin est partout très-correct, et les couleurs ont conservé toute la vivacité de leur premier éclat. Cette gouache a été enlevée, il y a fort longtemps, à sa monture d'ivoire ou d'ébène, mise sous verre, et transformée en un petit tableau, dont le cadre bien sculpté et doré est d'un très-remarquable travail. Les soins que l'on a multipliés pour la conservation de cet éventail disent tout le prix qu'y attachaient les anciens possesseurs. Il mériterait de figurer parmi les reliques nationales conservées au *Musée des souverains.* »

IX

Au dix-huitième siècle, la mode des éventails se généralisa encore davantage (fig. 32). Ceux de fabrication parisienne surtout brillaient, dès le commencement du règne de Louis XV, par l'élégance des modèles, le choix de la matière, le bon goût de l'enjolivement et la délicatesse du travail. Savary dit que de son temps ils avaient détrôné les éventails couverts de peau de senteur fabriqués à Rome et en Espagne, et que les éventails des Indes et de la Chine ne les surpassaient que pour la beauté de la laque et la perfection de la monture. Ces derniers, deve-

Fig. 32. — Éventail allemand (XVIIIe siècle) (collection de S. M. la reine Victoria).

nus moins rares et par conséquent très-recherchés, se vendaient alors à des prix relativement modestes, comme on en peut juger en parcourant le *Livre-Journal* de Lazare-Duvaux, marchand bijoutier ordinaire du Roy (1748-1758). Ainsi, à la date du 19 décembre 1748, on voit figurer M. l'abbé Pernety, pour « quinze éventails des Indes, à 24 sols; total, 18 livres. » Le 4 février de la même année, M. Bentabole achète « six éventails des Indes, » moyennant 7 livres 4 sols. Le 4 mai 1750, la célèbre madame Geoffrin paye « une éventail » 1 livre 4 sols. Le 29 mai 1751, M. Molinié se rend acquéreur de « quarante éventails de la Chine à 24 sols; » et enfin, — ce dernier renseignement est plus piquant, — à la date du 9 décembre 1752, madame la marquise de Pompadour fait emplette d'« une boëte de douze éventails de Nankin, » pour la somme de 72 livres.

Ces gracieux produits de l'extrême Orient, en s'acclimatant en France, fournirent de précieux modèles pour la façon des bois et le montage des feuilles; de plus, ils donnèrent naissance, chez nous, à la fabrication des éventails dits *brisés*, qui ne remonte qu'à la fin du règne de Louis XIV. Les éventails plissés ronds étaient alors adoptés par la mode. Les pères Martène et Durand, dans leur *Voyage littéraire de deux religieux de la congrégation de Saint-Maur*, disent du *flabellum de Tournus*, dont nous avons déjà parlé, qu'il est fait à peu près comme ceux dont se servaient les dames de leur époque (1715).

La faveur des éventails *brisés* passa bien vite en Angleterre, où l'*article de Paris*, pour ce genre d'objets, était fort recherché. Il ne paraît pas toutefois que les éventails plissés aient beaucoup souffert de cette vogue. On en trouve un exemple dans le *poëme de l'Éventail*, par Gay, lequel nous apprend quelle était alors la construction de l'éventail plissé, et combien la France excellait dans ce genre de fabrication. « Enfants industrieux, dit Vénus en s'adressant aux Amours, cessez ces vulgaires travaux : un ouvrage plus important exige tous vos soins. J'ai médité longtemps cet ouvrage, car il demandait à l'être par un esprit inventif, mûri par l'expérience. N'avez-vous point vu l'oiseau magnifique qui conduit le char de Junon, et les couleurs variées de sa queue? Ne l'avez-vous point vu déployer au soleil et soudain refermer ses plumes brillantes? Il faut que votre art imite cette beauté de la nature ; que de petites côtes minces et polies, toutes réunies dans un point par une de leurs extrémités, soient couvertes à moitié par un papier blanc qui ait la forme d'un quart de cercle, que le pinceau l'embellisse de ses grâces les plus touchantes, et que ce papier, plié plusieurs fois, puisse alternativement se fermer et se déployer. Cet instrument sans cesse agité fera briller les grâces des belles ; il excitera les Zéphyrs à les accompagner sans cesse, et avec eux les Amours légers se glisseront dans leur sein. La France, mon pays chéri, ajoute Vénus, surpassera toutes les nations dans l'art de former cette parure galante; elle va en armer les beautés de toute l'Europe ; et comme un habile orateur prête par ses gestes et son action une forme nouvelle à son discours, et des grâces plus touchantes, ainsi les mouvements de l'éventail pourront exprimer tous les sentiments. »

L'éventail était donc aussi usité en France qu'en Angleterre. C'est pourquoi Addisson fait la remarque que de son temps (1672-1719), une dame sans éventail aurait été aussi gênée qu'un gentilhomme sans son épée. Dans le *Spectateur*, il donne la description d'une Académie où l'on enseigne la manière de jouer de l'éventail (*the flutter of the fan*).

C'est alors, raconte M. Sam. Redgrave, dans son léger croquis sur l'histoire de l'éventail (1), que les éventaillistes anglais s'adressèrent au Parlement, pour demander la prohibition de l'importation des éventails de Chine et des Indes, qui menaçait de ruiner leur industrie, « industrie, dit la requête conservée dans les archives du Parlement, qui faisait vivre pourtant plusieurs corps d'artisans, tels qu'ivoiriers, sculpteurs, tourneurs, peintres, etc., sans compter un grand nombre de pauvre peuple occupé à polir, à coller, etc., les éventails. » Le Parlement s'intéressa à cette demande et frappa d'une taxe de 40 schillings par douzaine l'importation des éventails de bois et de plumes, prohibant tout à fait ceux qui seraient peints. Mais la suppression des lois prohibitives de commerce détruisit peu à peu cette industrie qui bientôt n'exista plus en Angleterre.

Pendant ce temps la France rendait la plupart des pays

(1) *South Kensington Museum.* Catalogue of the loan exhibition of Fans, 1870.

étrangers ses tributaires pour ces objets de haut luxe, et Caraccioli, l'auteur anonyme du *Livre des quatre couleurs* (Paris, 1756), profitait de l'exemple d'Addisson et de Gay, pour faire l'éloge des éventails, lesquels (nous le savons par le *Mercure* de 1730) étaient devenus excessivement grands. Particularité qui peut-être inspira l'épigramme suivante, *sur un abbé à la mode :*

Ici gît l'abbé Duportail,
Qui mourut d'un coup d'éventail.

Ceux du commencement du dix-huitième siècle avaient eu d'abord des dimensions assez restreintes. Ils se composaient de lames d'ivoire que les imitateurs de Gillot enjolivaient de scènes rustiques ou de sujets d'histoire assez lourdement peints. Mais à l'époque où nous sommes parvenus, le papier et la peau rivalisent avec les lames d'ivoire, les feuilles ont pris plus d'ampleur, et bientôt les élèves de Boucher, devenus les maîtres du genre, les couvrent d'idylles légères, de bergères roses et de fonds bleus chimériques. Les précieuses collections d'éventails Louis XV, rassemblés par madame la comtesse Duchatel, madame la princesse Czartoriska, madame la vicomtesse

O. Aguado, madame Adolphe Moreau, madame la comtesse de Chambrun, madame la comtesse de Beaussier et madame la duchesse de Mouchy, offrent des preuves incontestables de ce progrès, dû en partie à l'influence de madame de Pompadour. La célèbre marquise, on le sait, aimait et protégeait beaucoup les arts. Elle a laissé son nom à une variété d'éventails dont la monture, richement sculptée dans la nacre ou l'ivoire, était couverte de peintures délicates représentant des fleurs ou des fruits. Tel est, au reste, le curieux éventail Louis XV, dit *en corbeille*, de la collection de madame Achille Jubinal. Cette dénomination provient de ce que les brins, au moyen d'un mécanisme ingénieux, forment une espèce de corbeille autour de l'éventail couvert de fleurs sculptées et peintes, lorsque celui-ci est fermé.

D'un autre côté, les éventaillistes furent puissamment aidés dans la recherche du degré de perfection que nous venons de signaler, par le carrossier ou plutôt le peintre en voitures Martin, qui, cherchant à imiter les laques de la Chine et du Japon, trouva un vernis très-fin, devenu célèbre, employé d'abord pour les décorations héraldiques et artistiques dont étaient décorés les panneaux des équipages, et qu'on fit servir ensuite à fixer sur l'ivoire les plus légères aquarelles, les plus suaves gouaches. Martin, qui donna son nom à ce vernis, passe pour avoir été à la fois peintre fameux et habile chimiste. Sa renommée fut même célébrée par Voltaire, dans son premier discours en vers sur l'homme (*De l'égalité des conditions*), où il montre Damis

.... courant de belle en belle
Sous des lambris dorés et *vernis par Martin.*

Un contemporain de Voltaire, Duclos, dans son conte intitulé : *Acajou et Zirphile*, décrivant l'élégante habitation d'Harpagine et de Podagrambo, dit dans le même sens que l'on y voyait « des magots de la Chine, des *vernis de Martin*, des chaises longues et des coussins. »

Mais, comme le suppose avec raison M. Samuel Redgrave déjà cité, il est probable qu'il ne fut guère autre chose que vernisseur. Le fait suivant, rapporté par le *Journal de la Cour* (juillet 1790), semble confirmer cette hypothèse. Pendant la Révolution, les armoiries ayant dû être grattées sur les panneaux des voitures, on les remplaça par des devises républicaines. C'est ainsi qu' « une maréchale fit peindre sur ses panneaux dépouillés une tête de mort assise sur deux os en sautoir à la place des fleurs de Huet, *vernies par Martin* » (1).

Quoi qu'il en soit, il existe encore aujourd'hui quantité d'éventails anciens peints en *vernis Martin* dans les collections, en première ligne desquelles on peut citer celles de mesdames la comtesse de Chambrun, la comtesse de Beaussier, la baronne Alphonse de Rothschild, madame Heine, à Paris, et madame Lebrun d'Albane, à Troyes. Ces éventails, appelés *éventails brisés* parce qu'ils n'ont pas de feuille, sont peints avec une finesse extrême, qui rappelle les ravissantes compositions dont sont ornées quelques chaises à porteur de ce temps. Nous avons du reste maintes fois entendu dire par des connaisseurs que le peintre de chaises à porteur était généralement peintre d'éventails.

(1) Huet, qui a peint des fleurs sur les panneaux des voitures, a parfaitement pu travailler pour les éventaillistes de son temps. Voici la description d'un éventail qui lui est attribué : « Gouache, magnifique paysage ; un pâtre conduisant par la bride le cheval d'une jeune fille ; dans le fond divers animaux ; superbe horizon, feuille d'un admirable dessin. » (*Catal. d'éventails des cours Louis XIV, Louis XV et Louis XVI* (1861) n° 283.)

On conçoit que ce meuble-bijou ait si souvent inspiré les poëtes, tant il a de qualités bien féminines, telles que la délicatesse, la légèreté, la grâce, la mobilité et la beauté. Enfin, comme un courtisan qu'il est, il s'assouplit à tous les besoins de sa maîtresse.

Dans la charmante comédie mêlée d'ariettes, de Favart, *Ninette à la Cour*, Fabrice, confident ridicule du prince Astolphe qui veut corrompre l'ingénue, lui fait revêtir des habits magnifiques et lui présente un éventail : « A quoi cela sert-il? » demande Ninette...

FABRICE.

... Je vais vous en instruire :
Pour la décence et pour la volupté,
C'est le meuble le plus utile !
Sur les yeux, ce rempart fragile,
A la pudeur semble ouvrir un asile,
Et sert la curiosité.
En glissant un regard entre ses intervalles
D'un coup d'œil juste on peut, en sûreté,
Observer un amant, critiquer des rivales,
On peut par son secours en jouant la pudeur
Tout examiner, tout entendre,
Rire de tout sans alarmer l'honneur.
Son bruit sait exprimer le dépit, la fureur ;
Son mouvement léger, un sentiment plus tendre.
L'éventail sert souvent de signal à l'amour,
Met un beau bras dans tout son jour,
Donne au maintien que l'on sait prendre,
Des airs aisés et naturels...

Enfin entre les mains d'une femme jolie,
C'est le sceptre et la Folie
Qui commande à tous les mortels !

Imaginez, dit M. Ph. Burty (1), pendant cette charmante leçon, le geste, le regard, les minauderies, le jeu mutin et décent de cette Ninette qui faisait courir tout Paris (2) !

Comment, après cela, ne pas répéter avec Sylvain Maréchal ce vers imité de Lemierre :

« L'éventail d'une belle est le sceptre du monde ? »

Lemierre au reste a de quoi se consoler. L'éventail ne lui doit-il pas le plus délicieux quatrain qu'on ait jamais composé en son honneur ? « quatrain si parfait, dit malicieusement Arnault, qu'une main royale n'a pas dédaigné de l'adopter en le transcrivant sur l'éventail d'une reine, et que les courtisans d'un roi ont cru flatter en le lui attribuant, persuadés qu'ils étaient que pour faire une belle

(1) *Éventail peint par Boucher*. Notice de M. Ph. Burty, publiée dans les *Collections célèbres d'Amateurs*, par M. Édouard Lièvre.

(2) On sait que le rôle de Ninette fut joué d'abord par madame Favart, qui travailla, dit-on, avec l'abbé Voisenon, à plusieurs pièces de son mari.

chose il fallait absolument avoir de l'esprit comme un roi. »

Voici ce quatrain, publié pour la première fois dans l'*Almanach des Muses* de l'année 1775 (Éd. Fournier, *L'Esprit des autres*, ch. XXIV), que le libraire Urbain Canel fit entrer ensuite dans le recueil des vers de l'auteur du *Voyage de Coblentz*, et qui se trouve dans les *Œuvres choisies* de Lemierre (Éd. Didot, Paris, 1822, t. II, p. 187) :

Dans le temps des chaleurs extrêmes,
Heureux d'amuser vos loisirs,
Je saurai près de vous appeler les zéphirs ;
Les Amours y viendront d'eux-mêmes.

— On ignore les noms des éventaillistes de la Régence. A la fin du règne de Louis XV, les plus achalandés étaient Chevalier, Jean Boquet, Hébert, Rau et madame Vérité. Ce n'étaient pas là des artistes, mais bien des fabricants et des marchands qui vendaient leurs éventails depuis 30 deniers jusqu'à 40 pistoles. « Parmi les peintres, presque toujours sans renommée, qui ont travaillé pour les maîtres éventaillistes, dit M. Paul Mantz, dans un intéressant article de la *Gazette des Beaux-Arts* (t. XX, 1866), il y eut sans doute des femmes, et surtout des artistes jeunes, ignorés, besoigneux peut-être. Très-peu nous ont dit leur nom. Toutefois, notre ami M. de Chennevières a relevé autrefois sur un éventail assez finement gouaché la signature de Cahaigne, avec la date de 1766. Un almanach de 1773 mentionne le sieur Pichard, « très-connu pour la feuille d'éventail. » Madame Doré, qui, à la même époque, peignait « sur soie et sur gaze, » a dû travailler pour des éventaillistes. D'autres noms se révéleront plus tard. Quoi qu'il en soit, certaines défaillances de dessin, une espèce de fadeur dans le ton, démontrent qu'en général la peinture d'éventail était confiée à des artistes secondaires; mais ces artistes suivaient le courant, et, selon le caprice de la mode, ils ont tour à tour imité Watteau, les Vanloo, Boucher, Greuze et tous ceux qui ont réussi. »

C'est pourquoi Diderot, dans son *Salon* de 1767, disait à un peintre dont les tableaux par trop finis n'étaient pas exempts de sécheresse : « Toutes vos petites compositions ne sont que de riches écrans, de précieux éventails. »

Le célèbre critique avait d'autant plus raison, que très-souvent les feuilles d'éventail étaient faites par des gens d'une profession toute autre que de celle de peintre, témoin l'infortuné poëte Favart, cité précédemment, qui, réfugié à Strasbourg vers 1746, en vertu d'une odieuse lettre de cachet obtenue par le trop galant Maurice de Saxe, peignait, caché dans une cave, à la lueur d'une chandelle fumeuse, des éventails pour vivre. Le fait est consigné dans ses Mémoires.

Néanmoins, plusieurs artistes renommés ont composé des dessins pour éventails. Tels sont Raymond de Lafage et Stella, au dix-septième siècle, Watteau et Boucher, au dix-huitième. Le *Musée du Louvre* possède deux compositions du premier de ces artistes (1), et Stella a laissé des croquis qui sont faits dans la manière du Poussin. Les deux autres esquissèrent également de pareils dessins ; mais il ne paraît pas qu'aucun d'eux ait peint de feuilles. On ne connaît qu'une charmante ébauche de Watteau, sur peau, dont le dessin à la sanguine soit relevé par quelques coups de pinceau. Cette feuille, qui n'avait pas été plissée, a figuré à la vente Bruzard (2) (fig. 33).

(1) Musée du Louvre, *Galerie des dessins*. La première (n° 794) représente *une chasse*, la seconde (n° 795) une *scène de vendanges*.

(2) On rencontre de temps en temps des éventails que la perfection

Quant à Boucher, il a probablement peint plusieurs

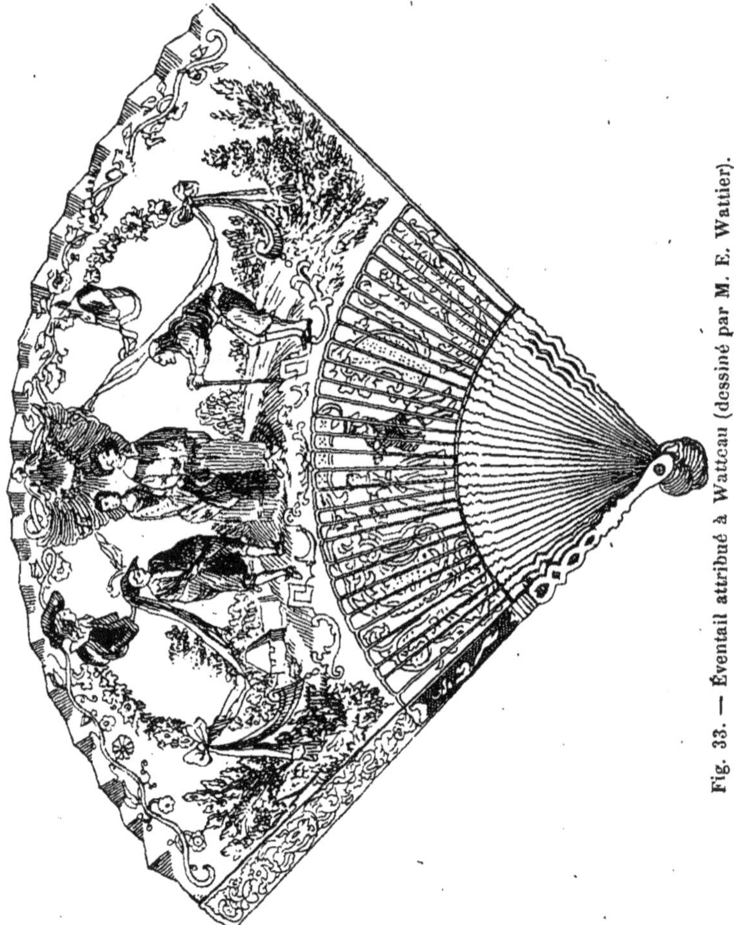

Fig. 33. — Éventail attribué à Watteau (dessiné par M. E. Wattier).

feuilles d'éventail. « Boucher, dit Thoré, dans un de ses

et le style de leur peinture font attribuer au joyeux peintre des fêtes galantes. Outre l'éventail dont nous donnons la reproduction, d'après

Salons, le décorateur expéditif qui improvisait en une matinée une douzaine de *pastorales* pour dessus de portes, s'est reposé quelquefois aussi sur de petites gouaches extrêmement fines et travaillées, dont on peut étudier à la loupe tous les précieux détails. »

Citons, à l'appui de ce dire, le remarquable éventail que possède M. le docteur Piogey. « Il est décoré de quelques ornements légers, dit M. Paul Mantz, encadrant les têtes en médaillons d'un jeune garçon et de deux jeunes filles. La délicatesse du ton finement rosé, la sûreté de la main, le libre maniement de la gouache, disent assez que l'œuvre est celle d'un maître. Certes, si Boucher a jamais fait un éventail, c'est celui de M. Piogey. Il lui a été attribué par tous les connaisseurs, et il est digne de son talent. D'ailleurs, nous ne voyons pas pourquoi Boucher, qui a peint des pantins et peut-être aussi quelques-uns de ces œufs que le roi distribuait à ses familiers la veille de Pâques, n'aurait pas un jour égayé de sa

un dessin de M. Wattier, voici une feuille décrite en ces termes dans le *Catalogue d'éventails anciens des cours Louis XIV, Louis XV et Louis XVI*, vendus aux enchères en avril 1861 : ANTOINE WATTEAU. *Le concert champêtre*, une des plus rares et des plus remarquables feuilles de ce maître. Gouache d'un magnifique dessin et d'une très-belle couleur. Paysage d'un grand effet. Pièce très-rare. (2e partie : *Feuilles*, n° 145.)

Fig. 34. — Éventail attribué à Boucher (collection de M. le docteur Piogey).

gouache légère un éventail si bien fait pour briller aux mains d'une souveraine (fig. 34). »

Que cet éventail ait eu l'insigne honneur d'être offert par Louis XV à la reine, nous ne voyons là rien d'invraisemblable; mais il en existe un autre non moins précieux, donné peut-être par le roi à la plus intéressante de ses favorites, et que l'on sait d'ailleurs avoir appartenu à la marquise de Pompadour. Cet éventail, d'origine probablement italienne, fait partie de la collection de madame Achille Jubinal. Privé d'une monture que sans doute sa richesse n'aura pu soustraire à la cupidité ou au besoin, il n'offre plus aujourd'hui que l'admirable dentelle dont cette monture était accompagnée, œuvre merveilleuse par sa délicatesse autant que par les capricieux méandres de son ornementation. Une rangée de petites miniatures, qu'on ne peut guère juger à l'œil nu, lui servent de bordure, et les cinq compartiments qui le composent sont décorés de médaillons à sujets, très-spirituellement gouachés (fig. 35).

Celui du milieu est surtout curieux en ce qu'il rappelle la puce de mademoiselle Desroches. En 1579, Étienne Pasquier se trouvant à Poitiers chez les dames

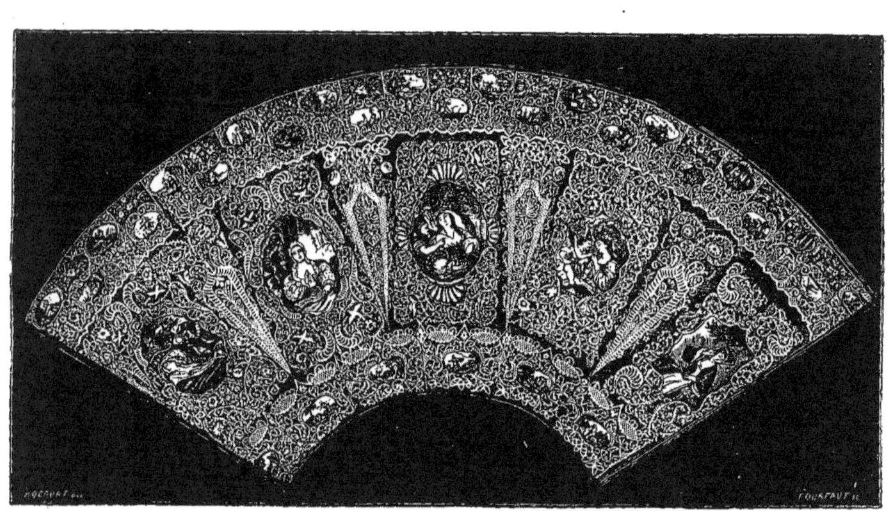

Fig. 35. — Éventail de la marquise de Pompadour (collection de madame Achille Jubinal).

Desroches, qui réunissaient autour d'elles les beaux esprits de l'époque, aperçut une puce sur le sein de mademoiselle Desroches, et s'écria que « cette puce mériterait bien d'être enchâssée dans leurs papiers, et qu'il ferait volontiers des vers sur un pareil sujet. » Toute l'assemblée applaudit à cette proposition, chacun voulut chanter la « petite bestiole, » et il en résulta un recueil de vers grecs, latins, français, italiens et espagnols, publié sous le titre de la *Pulce de mademoiselle Desroches*, Paris, 1582. Suivant La Monnoye, les meilleurs vers seraient dus à mademoiselle Desroches elle-même.

On nous objectera peut-être qu'il n'est pour ainsi dire pas de notoriété féminine un peu marquante dans l'histoire, dont on ne possède au moins un éventail, ce qui peut parfois paraître douteux. Ne voulant point entamer sur ce sujet délicat de discussions stériles, la preuve du contraire faisant absolument défaut, nous nous contenterons de répondre que de tout temps les éventails ont brillé entre les mains des femmes élégantes, et que par conséquent il n'est pas extraordinaire d'en rencontrer de réellement authentiques, dès qu'il s'agit d'une haute individualité mondaine, célèbre à quelque titre que ce

Fig. 36. — Éventail attribué à Rosalba Carriera (collection de M. Ph. de Saint-Albin).

soit. L'éventail, d'ailleurs, n'est-il pas un des présents offerts par l'amour, conservés par l'amitié et transmis par le souvenir? L'auteur anonyme de deux jolis couplets, placés en regard d'une gravure intitulée : *Le Baiser et l'Éventail*, et publiés dans le *Gazetier chantant*, année 1703, va nous expliquer galamment pourquoi :

« A la suite de la Beauté,
« Soyez certain de voir les Grâces,
« L'amour lui-même est enchanté
« D'aller au-devant de leurs traces ;
« Chloé ne peut leur refuser
« Cet éventail et ce baiser.

« Du baiser, qui l'enflammera
« L'éventail sera le remède,
« Tant que Zéphir respirera,
« Aux Belles il servira d'aide ;
« Et le cortége des plaisirs
« Ne va pas bien sans les zéphyrs. »

Parmi les autres éventails authentiques de l'époque, mentionnons celui de M. Philippe de Saint-Albin, attribué à la célèbre pastelliste Rosalba Carriera (1672-1757) — *Le Jugement de Pâris* (fig. 36), — ainsi que le superbe joyau acquis par le prince Soltykoff, lors de l'acquisition en bloc de la collection Debruge Duménil, et dont M. Jules Labarte a donné la description. « Les branches, finement ciselées et découpées à jour, présentent un

Fig. 37. — Éventail Louis XVI (collection de madame la comtesse de Chambrun).

médaillon renfermant un riche monument à colonnes. Les montants (1), aussi en or massif, sont décorés d'une fine gravure émaillée, figurant des branches de feuillage chargées de fleurs. Sur le vélin (2), une miniature à la gouache très-finement exécutée; elle est attribuée à Boucher. »

C'est là ce qu'on peut appeler un éventail *riche*, nous dirons même opulent; mais il ne rafraîchissait pas l'air mieux que d'autres plus modestes, quoique très-jolis, dont le style rappelle le commencement du règne de Louis XVI, alors que les orfévres, chargés de décorer la monture des éventails, mélangeaient volontiers les ors de couleurs diverses et tiraient de cette association des tons harmonieux et charmants. Tel est l'éventail Louis XVI appartenant à madame la comtesse de Chambrun (fig. 37). On peut lui comparer celui de madame Lunois, dont la feuille, représentant Orphée jouant de la lyre devant Eurydice, gouache d'une incomparable fraîcheur, est supportée par une monture en nacre rehaussée d'ors diffé-

(1) M. Jules Labarte a évidemment voulu dire les *panaches*, expression technique, comme auparavant il a dit « les branches » en voulant parler des *brins*.

(2) Voir la note de la page 38.

rents, qui font de cet éventail un véritable bijou polychrome.

En 1860, on fit la découverte, à la foire de Bordeaux, d'un éventail qui passe à bon droit pour avoir été donné à Marie-Antoinette, alors dauphine, le jour de son mariage (1770). « Il est en soie ou plutôt en taffetas de Florence, lit-on dans la *Gazette des Beaux-Arts* (t. VI, 1860, p. 64); au milieu d'un semis de paillettes, de bouquets de roses, de myosotis, parfaitement peints, se trouvent trois médaillons exécutés à l'aquarelle. Celui du milieu représente sur un cartouche l'écusson écartelé de France et de Dauphiné, surmonté de la couronne d'or des Dauphins de France. Une petite croix du Saint-Esprit se trouve sous l'écusson. Les deux médaillons de droite et de gauche sont répétés et représentent tous deux un dauphin nageant dans une mer d'azur, et relevant la tête pour recevoir une couronne de roses que lui tend une main sortant des nuages. La monture est en ivoire incrusté et émaillé, les deux bâtons ou flèches du milieu portent, émaillé, l'écusson de Bourbon, d'azur aux trois fleurs de lis d'or; à droite et à gauche deux dauphins. De plus, il est aisé de reconnaître au dessin de l'ornementation de la monture un M et un A majuscules, entrelacés. Les flèches servant de fermoirs sont à jour et représentent encore, dans leur incrustation, les dauphins caractéristiques, une colombe, et un autel surmonté de deux cœurs enflammés. »

Quoi qu'il en soit, parmi les nombreux objets rares et précieux se rattachant au souvenir de Marie-Antoinette, beaucoup d'éventails ont l'inappréciable privilége d'avoir été faits à l'occasion du mariage de la dauphine; car, selon l'expression de M. Paul Lacroix, « il faut dire qu'on la rencontre partout, cette charmante et adorable reine, qui fut la plus enchanteresse inspiratrice des arts du dix-huitième siècle. » C'est ainsi que dans la collection précitée des quatre cents éventails anciens vendus aux enchères à l'Hôtel Drouot, en 1861, on remarquait divers éventails de cette époque relatifs au mariage de la future reine. L'un d'eux, catalogué sous le n° 139, avait une monture en ivoire rehaussé d'or et d'argent, portant les attributs de l'hyménée. La feuille, en soie, était enrichie de fleurs avec paillettes, cornes d'abondance et dauphins. Le médaillon représentait Marie-Antoinette

Fig. 38. — Éventail anglais style Louis XVI (collection de madame la baronne Mayer de Rothschild).

soutenue par un dauphin et ayant à ses pieds une boule fleurdelisée. En arrière, une femme appuyée sur un ancre symbolisait l'Espérance ; dans les cieux, planait la déesse de l'Abondance. La Fidélité était représentée par un chien, l'allégresse du peuple, par un enfant qui tire des pièces d'artifice et par des danses devant un orchestre où se trouvait reproduit le dauphin. A l'horizon l'artiste avait indiqué les tours de Notre-Dame (fig. 38).

Nous ignorons ce que sont devenus ces intéressants objets d'art. Mais on conserve religieusement à Paris un autre éventail ayant réellement appartenu à l'infortunée épouse de Louis XVI, et dont l'authenticité ne saurait être mise en doute. Lorsque la reine fut contrainte de quitter Versailles, aux événements des 5 et 6 octobre 1789, elle distribua autour d'elle de nombreux souvenirs. Ce fut alors que madame Du Cray, conservatrice des dentelles et guipures de Sa Majesté, reçut en partage ce magnifique éventail, laissé en héritage à sa fille madame La Bruyère, à la mort de laquelle il passa dans la collection de M. Eugène de Thiac, son légataire universel.

Voici la description de cette précieuse relique, que son obligeant propriétaire a bien voulu nous communiquer.

« Cet éventail est en ivoire de Ceylan, et comme sa blancheur pourrait se perdre au contact de l'air et de la poussière, on le tient constamment renfermé sous un globe de verre.

« Les brins, au nombre de vingt, au lieu d'être collés à une feuille, sont séparés et roulent les uns sur les autres au moyen d'un petit ruban bleu qui les traverse par le haut, au milieu de filigrammes dorés et inscrustés sur le brin lui-même.

« Cet éventail appartient à la catégorie des éventails brisés.

« Sur cha cun des brins est un objet sculpté, fouillé avec une patience extrême. L'exécution en est attribuée à Le Flamand, artiste ivoirier de beaucoup de goût, et dont parle Bernardin de Saint-Pierre, dans un voyage qu'il fit à Dieppe en 1775.

« L'ensemble de ces sculptures dont les dessins ont été fournis par Vien, premier peintre de Louis XVI, représente l'entrevue d'Alexandre et de Porus.

« Porus, prince indien, régnait en 327 avant J.-C., à l'est de l'Hydaspe. Il refusa de se soumettre à Alexandre, perdit la bataille décisive de l'Hydaspe, fut pris et conduit au conquérant. Alexandre lui demandant comment il prétendait être traité : « En Roi! » répondit Porus. Alexandre, frappé de la magnanimité de cette réponse, lui rendit ses États.

« Cet éventail fut offert à Sa Majesté la reine Marie-Antoinette par la ville de Dieppe, si célèbre par la fabrication des ouvrages d'os et d'ivoire, à l'occasion de la naissance, survenue le 25 mai 1785, du dauphin, depuis Louis XVII.

« C'est un chef-d'œuvre de travail, de délicatesse et de goût, et l'on peut dire, en le voyant, ce que dit Canova en présence du beau crucifix d'ivoire qui est dans la chapelle de la Miséricorde, à Avignon, sculpté par Guillermin, qui vivait en 1659 : « Examinez-le avec soin, on ne « vous en ferait pas un pareil. »

« Il a figuré à Paris, en 1867, à l'Exposition universelle, comme on peut le voir dans le Rapport de la Commission de l'Histoire du Travail présenté par M. Du Sommerard, page 62, et à Londres en 1870, *Exhibition of Fans at the South Kensington museum*, page 22 du catalogue.

« Dans ces deux Expositions, il a été tout particulièrement remarqué par l'impératrice Eugénie et la reine

Fig. 39. — Éventail de la reine Marie-Antoinette (collection de M. Eugène de Tniac).

de Hollande, qui ont témoigné le désir de le posséder. »

Bien certainement Balzac faisait allusion à ce joyau hors ligne, lorsqu'il écrivait : « L'éventail de Marie-Antoinette est le plus beau de tous les éventails célèbres (fig. 39). »

Mais l'auguste fille de Marie-Thérèse n'a pas possédé qu'un éventail. En souveraine aimable et généreuse, elle se plaisait à faire des cadeaux et à donner de gracieux souvenirs aux personnes dévouées qui l'approchaient. A cet effet, elle s'entourait d'objets d'art et de curiosité de toute sorte, à la confection desquels les ivoiriers dieppois semblent avoir pris une grande part, si l'on en juge par l'éventail de M. de Thiac, par l'éventail conservé au musée du Louvre (1), par l'éventail de madame la comtesse d'Osmond, par l'éventail aux armes de France de madame la baronne Gustave de Rothschild, et enfin par celui que M. Bosquet, de Luzarches (Seine-et-Oise),

(1) Les branches sont d'ivoire sculpté ; sur l'une d'elles a été représentée la reine en costume de cour ; sur l'autre, on voit le roi Louis XVI ; plus bas, dans un médaillon, la tête de Henri IV, et celle de Louis XV, qui est du côté opposé. Lorsque les branches sont ouvertes, l'on retrouve sur la monture le roi Louis XVI assistant à un conseil. La feuille peinte de l'éventail a été remplacée par un papier blanc. Il a été acquis avec la collection Révoil, dont il faisait partie (*Cat. du Musée des Souverains*, n° 141).

envoya à l'Exposition universelle de 1867. Ce magnifique éventail avait passé de la reine à madame Campan par M. Campan, qui était filleul de quelque personne de la famille royale et attaché au service du château.

Il est ainsi énoncé dans le catalogue, n° 70 :

« Éventail en ivoire, découpé à jour, d'Antoine Belleteste, ayant appartenu à la reine. »

Le même catalogue décrit encore un autre éventail de Marie-Antoinette, provenant de la collection de madame la baronne de Pages :

« N° 76. — Éventail en ivoire avec incrustation argent et or. Broderie à feuille et paillettes, fleurs et oiseaux, sur étoffe de soie. »

Le procédé le plus habituellement employé par les miniaturistes du XVIIIe siècle, c'était la gouache. Cette méthode se conciliait avec l'esprit d'un temps où la plupart des maîtres français avaient tous, selon l'expression de Cochin, *la légèreté de l'outil,* « et voilà pourquoi le XVIIIe siècle, conclut M. Paul Mantz, a si bien réussi dans ce qu'il y a de plus léger au monde : l'éventail.

« C'est une idée répandue partout, poursuit l'éminent

critique d'art, — que beaucoup d'éventails du XVIIIe siècle sont l'œuvre des peintres illustres du temps : Watteau, Lancret, Boucher, en auraient, dit-on, fait un bon nombre. L'autre semaine encore (1), dans son roman de *Spirite*, Théophile Gautier mettait aux mains de madame d'Ymbercourt un éventail de Watteau. Le cher conteur y a-t-il regardé de près? Pour moi, je crois peu à ces éventails glorieux. Gillot a pu en peindre quelques-uns : il faisait tout ce qui concerne son état; mais, pour les autres maîtres, ce n'est que dans des occasions tout à fait exceptionnelles, par un caprice du moment ou pour complaire à quelque grande dame exigeante qu'ils ont pu jeter sur l'ivoire ou sur le vélin une pastorale ou une mythologie. »

Ajoutons que quelquefois les éventails recevaient des compositions beaucoup plus fantaisistes. Madame la comtesse de Chambrun possède un très-curieux éventail Louis XV, du genre *cabriolet* ou à *galerie*, spirituel comme un tableau d'Ostade ou de Téniers. La feuille est remplacée par deux bandes de papier de largeur inégale, sur lesquelles sont représentées des scènes parisiennes, telles

(1) Écrit en 1866.

que *La Promenade en voiture*, *Le Café*, *Le Théâtre de Guignol*, *Les Équilibristes*, etc., etc. (1).

Ce genre d'éventail, que nous appellerons *éventail comique*, nous ramène naturellement à l'*éventail satirique*, dont les allégories, comme on l'a vu précédemment par celui concernant madame Dacier, sont parfois excessivement vives et piquantes. Une pareille remarque a bien son importance, car pendant le cours de ce dix-huitième siècle, si gai, si pimpant, si léger et en même temps d'un esprit si facile, les éventails étaient non-seulement devenus des objets indispensables dans la toilette des dames, mais ils servaient encore de cadres à l'imagination satirique du temps, à certaines actualités, voire même aux dédicaces et aux portraits.

En 1861, lors de la vente à l'Hôtel Drouot de la collection d'éventails anciens déjà citée et sur laquelle nous reviendrons plus tard, on mit aux enchères une riche monture Louis XV, en nacre avec sculptures dorées (n° 249 du catalogue), qui confirme pleinement ce que nous venons de dire. La gouache, entourée de fleurs et d'attributs, était une satire de l'époque contre le mariage

(1) *Fans of all countries*, Pl. XX.

de quelque financier. Elle représentait un personnage enguirlandé par des amours tenant un cœur enflammé dans sa main, et la fortune répandant une pluie d'or sur une moderne Danaë assise sur un lit.

L'art de peindre les éventails était à cette époque essentiellement parisien; mais il n'en était pas de même du métier de façonneur et du découpeur en éventails, exercé par les tabletiers. Selon la notice insérée dans la *Statistique de l'Industrie à Paris*, en 1860, « les bois d'éventail se faisaient en grande partie à Méru, comme le constate une sentence de police du 22 mai 1778, qui ordonne aux marchands forains d'apporter et de conduire directement au bureau de la communauté les marchandises de tabletterie, de lutherie et les bois d'éventails. Il paraît même certain que les habitants de cette localité se livraient d'ancienne date à l'industrie dont il s'agit, car dans un mémoire du 11 octobre 1778, conservé dans les archives de la Chambre de Commerce de Paris, six fabricants et ouvriers forains de tabletterie, lutherie et bois d'éventails demeurant à Méru et autres lieux circonvoisins, représentent, à l'occasion de la sentence de l'intendant général de police, « qu'ils ont toujours été dans l'usage depuis un grand nombre d'années de fabriquer lesdites marchandises pour les vendre à toutes les personnes qui leur en demandent, et qu'ils ont toujours fait conduire lesdites marchandises par le messager de Méru et autres en cette ville de Paris, à l'hôtellerie où pend pour enseigne le *Lion d'argent*, rue Bourg-l'Abbé, et autres lieux où toutes les personnes qui ont commandé lesdits ouvrages viennent les retirer. » Il est à remarquer toutefois, qu'on ne faisait à Méru que les bois façonnés et découpés, et que les ouvriers parisiens conservèrent encore pendant plus de quarante ans le monopole de la sculpture, de la gravure et de l'enjolivure.

« En 1776, lors de la réorganisation des communautés, les éventaillistes furent incorporés aux *tabletiers-luthiers*, avec lesquels ils avaient de fréquentes difficultés. Les maîtres de la nouvelle communauté reçurent le droit de faire la peinture et le vernis relatif à leur profession en concurrence avec les peintres-sculpteurs. Le nombre des places d'éventaillistes avait été porté depuis longtemps à cent cinquante, mais il est à penser qu'elles n'étaient pas toutes occupées; il résulte en effet d'une lettre adressée par la Chambre de Commerce de Paris au ministre de l'intérieur, le 28 mars 1807, qu'il y avait à peu près 50 fabricants d'éventails avant la Révolution, employant ensemble deux mille ouvriers et quatre mille ouvrières de tout âge. »

Un article de l'*Encyclopédie méthodique*, consacré à l'art de l'éventailliste, donne les renseignements suivants sur la fabrication à la fin du XVIIIe siècle. La feuille, ornée la plupart du temps de paillettes formant des petits médaillons à sujets, était de peau, de taffetas, de gaze et le plus souvent de papier, le pied était fait de bois, d'ivoire, d'écaille, de baleine ou de roseau (1), et l'on réservait pour les plus belles feuilles les montures qui venaient de la Chine. Le *Journal du Citoyen*, livre très-curieux publié à la Haye en 1754, cite des éventails « en bois de palissande, en bois d'or, en bois demi-yvoiré, c'est-à-dire les maistres brins en yvoire et la gorge en os, et enfin les bois d'yvoire. » Ces montures étaient souvent enrichies d'or, de pierres fines et d'émaux peints. « Il en

(1) Tels sont les éventails Louis XVI conservés par madame Bellier de la Chavignerie (Chartres), M. Édouard André et M. Perrot.

Fig. 40. — Éventail français Louis XV, appartenant à madame Dubois (monture en ivoire sculpté).

a été des bois d'éventails, pour la sculpture, comme des feuilles pour la peinture, dit à cet égard M. Natalis Rondot; on ne cite pas de sculpteur de talent qui ait laissé quelque ouvrage en ce genre. Cependant on conserve de très-remarquables panaches d'ivoire ou de nacre, du règne de Louis XV. Quant à la sculpture des brins de nacre ou d'ivoire, sans jamais avoir été à la hauteur d'un travail d'art, elle a été faite à Paris, notamment au milieu du siècle dernier, avec une délicatesse et un goût auxquels on n'a pas atteint depuis (fig. 40). »

Une très-jolie monture d'éventail Louis XV, en nacre de perle, appartenant à madame la comtesse d'Armaillé, offre un éclatant témoignage de ce degré de perfection (1).

X

Au début de la Révolution, les feuilles d'éventails de luxe subirent des modifications relativement aux sujets qu'on y représentait. Le *Salon de peinture* de 1789, célèbre par « la régénération de l'art, » comme disaient

(1) *Fans of all countries*, Pl. VII.

alors les artistes, s'était fait l'écho des idées républicaines. Durameau y avait envoyé une esquisse des *États-Généraux ;* Moreau, deux dessins : l'*Ouverture des États-Généraux de France*, et la *Constitution de l'Assemblée nationale du* 17 *juin*. Ces sortes de compositions, ayant obtenu un plein succès, furent vite accueillies par la mode, qui s'empressa de les placer entre les mains des femmes. Aux guirlandes de fleurs, aux amours roses, aux bergeries et aux scènes mythologiques, succédèrent les portraits des hommes politiques nouveaux ou le tableau des grands événements du jour. On trouve des exemples de ce changement sur plusieurs éventails de cette époque. Les deux premiers représentent l'Assemblée des *États-Généraux en* 1789 : l'un fait partie de la riche collection de Sa Majesté la reine d'Angleterre ; l'autre appartient à M. Baur. Le troisième, conservé par madame Bezançonnot, montre la *Pompe funèbre du Clergé de France*, « dédiée à l'*Assemblée nationale*, le 2 novembre 1789 ; » et enfin, le quatrième, propriété de M. Philippe de Saint-Albin, porte au milieu le buste de Mirabeau (Honoré-Gabriel Riquetti), au-dessous duquel on lit : « Je combattrai les factieux de tous les partis. » De chaque côté se trouvent deux médaillons à sujets : dans l'un, Mirabeau tonne à la tribune; dans un autre, le grand orateur est à son lit de mort et rend le dernier soupir entre les mains du médecin Cabanis (fig. 41).

La République de l'an II essaya de maintenir en faveur les mille agréments de la toilette féminine, en adoptant pour le costume les modes grecque et romaine. Si l'on en croit le *Journal de la mode et du goût, ou les Amusements du salon et de la toilette*, par M. Lebrun (mai 1790), c'est alors que les belles républicaines adoptèrent le *négligé à la patriote*, costume dans lequel elles « badinaient avec un éventail en camée de la fabrique d'Arthur. » Ces éventails, ainsi que la plupart des éventails de fantaisie devenus en vogue, étaient de soie, de satin, de taffetas ou de gaze ; au reste, depuis longtemps déjà, la *peau* avait été remplacée par le tissu, décoré tantôt de petites gouaches, tantôt d'ornements en application.

Mais les patriotes, qui affectaient de porter des habits déchirés et percés au coude, trouvèrent que les parures recherchées donnaient aux femmes l'*air aristocratique*, et les « éventails en camée » furent remplacés par des

Fig. 41. — Éventail de la première Révolution (Collection de M. Ph. de Saint-Albin).

éventails d'étoffe vulgaire, sur lesquels étaient collées de grossières estampes coloriées, pour la plupart gravées par *Lebeau*, et représentant en sautoir la bêche et le râteau, la devise : *Mort ou liberté !* ou des scènes patriotiques accompagnées de couplets populaires.

Un éventail contemporain peint sur papier, appartenant à M. le comte de Liesville, en donne une preuve. Ce meuble curieux, qui fait partie d'une collection unique d'objets de toute sorte relatifs à la première Révolution, représente Louis XVI assis sur son trône, ayant auprès de lui Necker debout, sous le costume de Minerve. Au-dessus, on lit ces deux distiques inscrits de chaque côté :

« La France, par Brienne au bord de son tombeau,
« Conduite par Necker, renaîtra de nouveau. »

« Necker a de Pallas la sagesse et l'égide,
« Et le juste Louis a Minerve pour guide. »

Le roi tient en main la devise : *Je veux faire le bien*. A droite, un personnage, figurant le Tiers-État, lui présente un placet avec ces mots : *Réforme des fermes*. A ses côtés, un paysan demande l'*Égalité des impôts*. A gauche, un noble et un évêque disent : *Nous abdiquons nos priviléges*.

Comme on le voit, la Révolution commence et grandit

de jour en jour. Enfin, sur les deux extrémités de l'éventail, on lit cinq couplets à la louange de Necker; le premier est noté (1). Quelque pitoyables qu'en soient les vers, ces couplets ont ceci de curieux qu'ils peignent exactement les sentiments de l'époque. Malheureusement le ministre des finances Necker, dont l'exil avait eu pour résultat un soulèvement populaire suivi de la prise de la Bastille, et qui, rappelé à la cour, y était revenu comme en triomphe, ne put ni persuader le roi ni résister à ses ennemis; et les éventails célébrèrent bientôt sa chute, comme auparavant ils avaient acclamé son retour.

Dès lors l'industrie de l'éventail, comme les autres industries de luxe, ne tarda pas à être abandonnée. En effet, la Convention porta le dernier coup au commerce parisien. *Je perds mon état, faites-moi vivre!* tel est le titre d'une brochure contemporaine. MM. Edmond et Jules de Goncourt, dans leur *Histoire de la société française pendant la Révolution*, ont fort bien dépeint le brusque arrêt de « ce commerce du superflu, de l'inutile, de la fantaisie,

(1) On trouvera ces couplets reproduits avec la musique, ainsi que la gravure de l'éventail, dans notre article sur les *Éventails musicaux* publié par la *Chronique musicale* (1er septembre 1874).

du rien, de la récréation de l'œil, de la distraction des sens fatigués, » par cette disposition de tous, dit la *Correspondance de quelques gens du monde sur les affaires du temps* (1790), « à conserver, à suppléer, mais à ne plus acquérir. » Aussi les éventaillistes, de même que la plupart des corps de métiers mentionnés dans un écrit intitulé : *Rendez-moi mes boucles*, se virent tout à coup réduits à aller travailler la terre, à raison de 20 sols par jour, lit-on dans une autre brochure, *Eustache Ramponeau aux Français*.

Les années suivantes, les éventails se couvrirent d'assignats, jusqu'au jour où l'on vit paraître les éventails *à la Nation*. En 1792, dit à cet égard M. Champfleury, dans sa très-intéressante *Histoire des faïences patriotiques sous la Révolution*, le cri de *Vive le Roi!* étant regardé comme inconstitutionnel, celui de *Vive la Nation!* devint un brevet de patriotisme. Les industriels s'emparèrent alors de cette nouvelle exclamation, que bientôt chacun put lire imprimée sur les feuilles volantes et les brochures, émaillée sur les céramiques, gravée sur les médailles, etc., etc. L'enthousiasme était tellement grand, nous apprend F. Pouy dans ses *Recherches sur l'Imprimerie dans le département de la Somme*, qu'on alla jusqu'à mettre en musique ces mots : « Vive la Nation, la Liberté, la Loi et la Constitution. » Aussi les femmes patriotiques voulurent-elles avoir également le cri de *Vive la Nation!* peint sur leurs éventails ; désir que les éventaillistes, en commerçants intelligents, semblent d'ailleurs avoir prévu d'avance, en adaptant ce cri comme refrain à quantité de couplets publiés par eux.

Peu après parurent les éventails *à la Marat*. M. Vatel, avocat distingué, dont la collection d'objets originaux de toute sorte ayant trait à la première Révolution rivalise avec celle de M. le comte de Liesville, possède deux rares éventails de ce genre. Le premier, imprimé grossièrement sur une feuille en papier *vélin*, offre deux médaillons renfermant les bustes de Marat et de Lepelletier (de Saint-Fargeau), séparés par la statue de la Liberté ; le second, également imprimé sur papier, mais habilement colorié, représente d'un côté les bustes accolés de Mara- et de Lepelletier, de l'autre, ceux de Carlier (1) et de

(1) Il faut lire évidemment *Challier*, surnommé le « Marat lyonnais ».

Barras (1), enfermés dans deux médaillons, lesquels sont séparés par un faisceau, un œil entouré de rayons et un niveau placé au-dessous. A droite, à l'extrémité de la feuille, on lit deux couplets patriotiques sur l'air : *Veillons au salut de l'Empire;* à gauche, une « Romance en l'honneur du jeune républicain Barras (2), tambour qui à 14 ans a préféré la mort à crié (*sic*) : Vive Louis XVII. »

Les éventails *à la Marat* conservèrent leur vogue jusqu'à la mort du héros sanguinaire qu'ils glorifiaient, c'est-à-dire lorsque ce démagogue populaire, instigateur des massacres de septembre, périt frappé par la main d'une femme.

Tout le monde connaît l'histoire de Charlotte Corday, la « Judith française », comme on l'a appelée; mais ce qu'on ignore peut-être, c'est l'histoire de son éventail, quoiqu'il en existe un à Caen, que l'on dit lui avoir appartenu.

A ce propos, M. Vatel, auteur d'un remarquable travail sur Charlotte Corday, nous signale cette singularité : « Charlotte de Corday (3) a tué Marat sans quitter son

(1) Le graveur a voulu mettre *Barra*. — (2) Lisez *Barra*.
(3) Le nom des *de Corday*, aïeux de Charlotte, se trouve mentionné dans

éventail; elle l'a frappé d'une main et elle tenait l'éventail de l'autre. C'est ainsi que Hauer l'a représentée deux fois, une fois dans le tableau que je possède, une fois dans la gravure qu'il a publiée.

« C'est au reste conforme au procès, où l'un des témoins entendus dépose ce qui suit :

« *Déclaration faite aux Jacobins. Le citoyen Laurent Bas.... travaillant chez le citoyen Marat.*

« A sept heures et demie du soir, le samedi 13 juillet 1793, l'an II de la République, une personne du sexe descendant d'une voiture de place en déshabillé moucheté, chapeau à haute forme avec cocarde noire et trois cordons noirs, et *portant un éventail*, est venue demander à parler au citoyen Marat. »

« C'est cet éventail qu'a représenté Hauer. »

Cet état de choses dura jusqu'au 9, ou plutôt jusqu'au 10 Thermidor (28 juillet 1794), jour à jamais mémorable

quantité de chartes, aveux ou quittances. Le plus ancien de ces documents remonte à l'an 1077. Au reste, on pourra consulter avec fruit l'intéressant ouvrage de M. Vatel : *Dossier du procès de Charlotte de Corday devant le tribunal révolutionnaire.* — Extrait des archives nationales, Paris, 1861.

qui, comme une resplendissante aurore, dissipa les ténèbres épouvantables de la Terreur. Alors tout se réveilla, comme au sortir d'une longue léthargie. Fatiguées de la barbarie, les femmes portèrent leurs aspirations vers les nobles folies du luxe, vers les prodigalités et vers les fêtes. On vit madame Tallien, surnommée Notre-Dame de Thermidor, madame de Beauharnais, la comédienne mademoiselle Contat, l'hétaïre mademoiselle Lange, et enfin madame Récamier, tenir tour à tour le sceptre de la mode ; et quel sceptre, en ce cas, pourrait le disputer à l'éventail !

Madame Tallien, qui, au dire de M. de Pougens, a laissé une peinture des modes de son temps, raconte que, sous le Directoire, les femmes portaient « des éventails en crêpe, à paillettes, ou en cèdre odorant, ou de gris moucheté des Indes. » Ce sont des éventails de ce genre que Bosio, dans sa *Promenade de Longchamp*, plaça entre les mains des élégantes de l'an X de la République. Une autre gravure de modes, datée de Thermidor an VIII, représente également une *merveilleuse* étendue sur un divan, occupée à s'éventer avec un petit éventail en palissandre, dont la feuille est en papier uni de couleur verte; elle s'écrie, selon la prononciation du temps : « Ah! qu'il fait saud! »

Quelques femmes, dit à ce sujet M. Augustin Challamel, dans son *Histoire-Musée de la République française*, quelques femmes ont accompli une mission contraire à celle des femmes politiques, et n'ont accepté de la Révolution que les heures de fêtes et de plaisirs. « Elles ont demandé à la liberté des moyens de plus pour plaire. Elles ont emprunté aux événements de chaque jour des noms nouveaux pour les étoffes, pour les chapeaux, pour les bonnets, pour les éventails. »

Ce luxe féminin se déploya surtout dans le faubourg Saint-Germain, lorsque, après les sombres jours de la Terreur, la *jeunesse dorée* inaugura le fameux *Bal des Victimes*, décrit par le *Censeur dramatique*. On en peut dire autant du bal de la maison de Richelieu, qui, suivant Mercier (*Le Nouveau Paris*), était le samedi « l'arche des robes transparentes, des chapeaux surchargés de dentelles, d'or, de diamants et de gaze.... » Et le philosophe ajoute, frappé de tant de bizarreries : « Devinez où sont les poches de ces danseuses? elles n'en ont point : elles enfoncent leur éventail dans leur ceinture, elles logent dans leur sein une mince bourse de maroquin où flottent quelques louis; quant à l'ignoble mouchoir, il est dans la poche d'un courtisan, à qui on s'adresse, quand on en a besoin. »

Si, dans le brouhaha des contredanses, l'éventail caché dans la ceinture n'avait qu'un rôle secondaire, il n'en brillait pas moins de tout son éclat lorsque les belles élégantes allaient, l'après-midi, faire un tour de promenade au « petit Coblentz », comme on appelait alors l'ancien boulevard italien: Coblentz, disent MM. Edmond et Jules de Goncourt (*Histoire de la société française pendant le Directoire*), Coblentz était le rendez-vous de tout un monde royaliste qui boudait la République. Là, les jolies femmes, surnommées *les aimables*, assistaient à un étourdissant concert d'ironies, de sarcasmes et d'épigrammes, qu'elles allaient ensuite répéter au camp de Condé, tout en agitant entre leurs mains blanches des éventails de crêpe noir lamé et pailleté d'argent. Ces éventails étaient une manifestation; les doigts habilement disposés n'avaient qu'à resserrer par le pli de trois brins cet éventail tout noir, pour qu'aussitôt son bouquet de fleurs blanches se métamorphosât en une belle fleur de lis. Ici, d'après les *Semaines critiques* de Lavallée, c'étaient trois médaillons, le père, là mère et l'enfant; là, raconte le *Journal des hommes libres* (Thermidor an IV), l'effigie de Louis XVI, au milieu de tous les papiers-monnaies de la Révolution. L'imagination des éventaillistes opéra de plus grands prodiges encore. L'ouvrage intitulé *Paris*, par Peltier (janvier 1797) mentionne des éventails représentant une pensée, couverte d'un léger nuage, sur laquelle frappait le foyer d'une lanterne magique montrée par un enfant, et qui laissait voir, lorsqu'on les opposait au soleil, Louis XVI, la reine et le dauphin. Enfin le *Journal des hommes libres*, déjà cité (Brumaire an IV), parle d'éventails de l'espèce la plus recherchée et la plus coûteuse, appelés *éventails au saule pleureur*, dont les feuilles figuraient, lorsqu'on y regardait de près, le roi, la reine, Madame Première et Louis XVII. Madame Despeaux, éventailliste de la rue de Grammont, vendait ces derniers éventails de 180 à 200 livres.

Pendant ce temps le *tiers* mourait de faim, il faisait dix degrés de froid, et les assignats discrédités n'avaient pour ainsi dire plus de valeur.

« On spécule sur tout, même sur la famine, » s'écrie

un personnage de l'*Agioteur*, par Charlemagne (Brumaire an IV). On trouve une preuve de ce honteux commerce dans un livre de comptes tiré de la collection d'autographes de MM. Edmond et Jules de Goncourt, où l'on voit quelqu'un donner en Germinal, 20,000 livres « pour une robe et un éventail. »

L'*éventail des rentiers*, qui parut à cette époque, peignait bien la situation financière de celles qui les portaient. D'après les *Semaines critiques*, par Joseph Lavallée, on y lisait ce triste prétérit écrit en lettres dorées : « Je fus, tu fus, il fut, nous fûmes... » Un éventail de cette espèce, appartenant à M. le comte de Liesville, offre une légère variante. On y voit, à droite, un bourgeois richement vêtu, et à gauche, un malheureux en haillons. Au-dessus du premier personnage se trouvent ces mots : *j'étais*, *tu étais*, *il était*, *nous étions*, *vous étiez*, *ils étaient ;* au-dessus du second, on lit : *je suis*, *tu es*, *il est*, *nous sommes*, *vous êtes*, *ils sont.* Effectivement, la position de la plupart des bourgeois était devenue si précaire, que la *Petite Poste*, de Ventôse an V, cite la caricature d'une poissarde faisant l'aumône à un rentier.

Déjà, sous les dernières années du règne de Louis XVI (1783), avaient paru les éventails dits *au ballon*, en souvenir des premières expériences du physicien Charles au Champ-de-Mars et d'Étienne Montgolfier à Versailles, en présence d'une foule immense. Dans ces jours qui précédaient la grande Révolution, à cette époque paisible qui devait enfanter tant d'orages et de tempêtes, un spectacle si nouveau et si palpitant excitait au plus haut point l'enthousiasme universel. « On ne pouvait, dit M. Louis Figuier, se défendre des plus vives impressions. Beaucoup de personnes fondirent en larmes ; d'autres s'embrassaient comme en délire. »

Six mois après, les aéronautes Pilatre de Rozier, Charles et Robert, mirent les aérostats de plus en plus en vogue ; mais ce fut surtout sous le Directoire, après que le célèbre Blanchard, que sa périlleuse traversée de Douvres à Calais avait fait surnommer par ses envieux le *Don Quichotte de la Manche*, eut inventé le parachute, perfectionné depuis par son rival Garnerin, que les ascensions eurent le plus de succès.

Bertin d'Antilly, dans le journal *Le Thé*, n° 127, donne des détails curieux sur la première ascension, à ballon libre, avec descente en parachute, qui eut lieu le 20 août 1797, au Jardin Byron, rue de Varennes.

« Il sera fait, dit-il, une expérience aussi curieuse qu'elle est encore nouvelle : un physicien s'élancera dans les airs, avec un ballon qui s'enflammera et détonera sur sa tête, à environ quatre cents toises ; il descendra de cette hauteur à l'aide d'un parachute, combiné de manière à le préserver d'une chute accélérée.

« Le ballon dont il se sert contient cinq mille pieds cubes; son parachute, qui est doré sur toute la surface convexe, porte 22 pieds de diamètre ; il embrasse une colonne d'air qui a pour base un cercle de 379 pieds de surface.

« Le physicien sera lancé dans les airs au son d'une musique militaire.... »

On mit alors des ballons partout : les tabatières, les boutons d'habits, les bonbonnières, les céramiques, etc., etc., furent couverts d'aérostats, et les éventails, qui semblent n'avoir été inventés que pour reproduire les mille fantaisies adoptées par la mode, reprirent leur ancienne dénomination d'*éventails au ballon*. M. le comte de Liesville, à l'obligeance duquel nous devons ces renseignements, et dont la collection nous a été d'un précieux secours, possède quantité d'objets de toute nature, principalement des éventails, sur lesquels on remarque des représentations de ce genre.

Dans les dernières années du Directoire, la confiance s'étant rétablie, les affaires commerciales reprirent peu à peu, et l'éventaillerie parisienne fit de grands efforts pour se relever. La lettre déjà citée, adressée par la Chambre de Commerce au ministre de l'Intérieur (28 mars 1807), constate que, quelques années avant cette époque, il s'était créé à Paris « trois à quatre cents éventaillistes dont les deux tiers avaient culbuté surtout depuis que les femmes avaient substitué le *ridicule* à l'éventail (1). » L'éventail brisé, dépourvu de feuille, c'est-à-dire sculpté et découpé à jour, avait alors une certaine vogue ; ses brins se faisaient en os, en ivoire, en bois, en carton, en métal, en peau d'âne et en corne. Mais les plus goûtés de tous étaient les éventails parfumés, les-

(1) Le ridicule était une espèce de sac à ouvrage nommé *Balantine*, sur lequel étaient brodés des *chiffres entrelacés* ou de longues inscriptions en *rébus*. Le recueil des *Costumes français de la fin du dix-huitième siècle, commencés le 1er juin* 1797, n° 6, donne le costume d'une femme portant un énorme *ridicule*, à rébus, brodé en soie, ainsi formulé : le chiffre 100, un D majuscule, une tour, lisez : *Sans détour*.

quels répandaient une légère odeur de musc. Le journal *Le Menteur*, n° 28, nous apprend qu'aux fameux concerts Feydeau, lorsque le chanteur Garat, l'enfant gâté du succès et des belles, entrait en scène, un murmure sympathique parcourait la salle entière. « Les têtes mobiles s'agitent, les plumes voltigent, les *éventails à la civette* frémissent. »

Néanmoins la plus grande partie des éventails portaient des feuilles en papier quelquefois gouachées, le plus souvent imprimées et ensuite coloriées à la main. Un éventail de ce genre, provenant de la succession de madame Tallien et ayant appartenu au docteur Cabarrus, représente la *Fête de l'Agriculture* (fig. 42). Cette solennité patriotique fut célébrée par l'administration du département de la Seine, le 10 Messidor an VI (28 juin, 1798), avec toute la pompe dont elle était susceptible. Au reste, le journal officiel en contient une description qui montre à quel point les idées bucoliques dominaient à cette époque, où régnait partout un faux goût d'antiquité. « La simplicité champêtre et la magnificence nationale se sont heureusement alliées pour rendre cette fête remarquable. Un char décoré de

Fig. 42. — Éventail de madame Tallien.

tous les produits de la terre, accompagné de la société libre de l'agriculture, de l'administration du Muséum d'histoire naturelle, et de l'école vétérinaire, portant un faisceau d'instruments d'agriculture, surmonté d'une gerbe d'épis, au-dessus de laquelle flottait l'oriflamme nationale, s'avançait vers un temple de verdure qu'on avait érigé à Cybèle, au milieu du grand carré des Champs-Élysées. Le char était traîné par six bœufs, ornés de guirlandes, de bandelettes, d'étoles; les cornes des bœufs et leurs sabots étaient dorés. La forme antique de ce char, les groupes de laboureurs, de gardes sédentaires enlacés dans les bras l'un de l'autre, et indiquant par là que ceux qui tour à tour cultivent et défendent les champs, servent également l'agriculture, représentaient à l'imagination ces anciennes fêtes que la fertile Phrygie célébrait en l'honneur de la déesse des moissons, au pied du Mont Ida. »

Ce culte civique, consacré à Cybèle et à Cérès, devait mettre la paille à la mode. Les *Rapsodies du jour*, par Villiers (3e trimestre), nous apprennent en effet que les femmes, un an auparavant, avaient adopté des chapeaux de paille, des rubans, des panaches, des ceintures, des glands, et jusqu'à des éventails *de paille*. Peltier, dans son livre intitulé *Paris* (février 1799), cite à ce sujet un curieux vaudeville :

Paillette aux bonnets,
Aux toquets,
Aux petits corsets !
Paillette
Aux fins bandeaux,
Aux grands chapeaux !
Paillette
Aux noirs colliers
Aux blancs souliers !
Paillette
Paillette aux rubans,
Aux turbans,
On ne voit rien sans
Paillette.

L'an VIII, si favorable à l'extension du luxe, vit naître le poëme de l'*Éventail*, par Milon. Dès lors les femmes, enjolivées d'aigrettes, de panaches flottants, de touffes de rubans et de mille autres colifichets, pour employer les expressions du poëte, donnèrent la vogue à des éventails d'un genre nouveau, qui semblaient d'avance prédire les futures destinées de la France. Quand Bonaparte, à son retour d'Italie et d'Égypte, eut débarqué à Fréjus, on l'acclama comme un libérateur. Poëtes, peintres, statuaires, célébraient à l'envi ses victoires, et, d'après les

Petites Affiches (Floréal an VI), les éventaillistes eux-mêmes consacrèrent leurs pinceaux à exalter sa renommée.

Une intéressante feuille d'éventail contemporaine du Consulat, appartenant à M. le comte de Liesville, fournit un nouveau témoignage de cette admiration. Au centre se trouve le buste du premier Consul, dans un médaillon ovale entouré de lauriers; à droite et à gauche, des sujets allégoriques représentent la *Paix* et la *Guerre*. Cette remarquable composition, gravée à l'aquatinte par Godefroy, porte la signature de trois artistes célèbres : Chaudet, Fontaine et Persier (1).

Peu après, le goût revint un instant aux éventails à lorgnette, lesquels furent bientôt remplacés par les éventails ovales et d'autres, plus petits, dits *lilliputiens*. Comme cette dernière espèce d'éventail avait peu d'ampleur, madame de Genlis consigna la remarque suivante, dans son *Dictionnaire des Etiquettes* : « Dans le temps où l'on rougissait souvent, où l'on voulait dissimuler son embarras et sa timidité, on portait de grands éventails ; c'était à la

(1) Le graveur s'est évidemment trompé : il faut lire *Percier*.

fois une contenance et un voile : en agitant son éventail on se cachait. Aujourd'hui l'on rougit peu ; on ne s'intimide point ; on n'a nulle envie de se cacher, et l'on ne porte que des *éventails imperceptibles.* »

Ce peu de vogue continua sous le premier Empire, pendant toute la durée duquel les éventails, toujours très-petits et dépourvus de feuille, étaient pour la plupart *brisés* ou garnis de taffetas découpé et appliqué sur gaze, dans le genre de celui conservé par madame Heine (1). Quelques-uns cependant étaient enjolivés de perles d'acier, à l'instar des bijoux du *Petit Dunkerque.* De Jouy, dans l'*Hermite de la Chaussée-d'Antin*, à la date du 31 août 1811, racontant qu'ayant été parrain, il dut acheter chez Tessier, parfumeur à la *Cloche d'or*, une corbeille de baptême, dit que la jeune dame de comptoir y mit, pour le prix de 420 francs, un bouquet de fleurs artificielles, quelques sachets, deux flacons d'essence de rose, un collier de pastilles du Sérail, six douzaines de paires de gants, et enfin deux éventails, « l'un *brodé en acier*, l'autre en écaille blonde et *à lorgnette.* »

(1) *Fans of all countries*, pl. 6.

La brillante apologie que madame de Staël fit alors de l'éventail aurait pourtant dû engager les éventaillistes à remettre en faveur les feuilles artistiques ; mais, comme nous l'avons expliqué précédemment, le secret de la fabrication des peaux propres à la gouache s'était perdu, et nul ne songeait encore à le retrouver. « Supposez, écrivait l'inimitable auteur de *Corinne*, une femme délicieusement aimable, magnifiquement parée, pétrie de grâce ; si avec tous ces avantages elle ne sait que bourgeoisement manier l'éventail, elle aura toujours à craindre de se voir l'objet du ridicule. Il y a tant de façons de se servir de ce précieux colifichet, qu'on distingue par un coup d'éventail la princesse de la comtesse, la marquise de la roturière. Et puis, quelle grâce ne donne pas l'éventail à une dame qui sait s'en servir à propos ! Il serpente, il voltige, il se resserre, il se déploie, il se lève, il s'abaisse selon les circonstances. Oh ! je veux bien gager, en vérité, que, dans tout l'attirail de la femme galante et la mieux parée, il n'y a point d'ornement dont elle puisse tirer autant de parti que de son éventail. »

Soit que cette admirable prose ait excité leur imagination, soit que la nature de leur talent les portât à réagir

Fig. 43. — Éventail italien 1er Empire. Cornélie montrant ses bijoux (Collection de madame la comtesse de Shaftesbury).

contre le faux goût qui dominait à cette époque, quelques éventaillistes sérieux se décidèrent enfin à innover en produisant des éventails de luxe dont la gouache faisait tout le prix (fig. 43). M. Philippe de Saint-Albin possède une très-belle feuille de ce genre, peinte dans le style néo-grec, et dont les compartiments architectoniques ainsi que les groupes qui les remplissent, sont très-habilement exécutés (fig. 44). Quoi qu'il en soit, le succès ne paraît point avoir couronné cette heureuse tentative. Aussi, de 1809 à 1815, la fabrication des éventails fut-elle pour ainsi dire anéantie. Rétablie avec la paix, ses progrès furent de nouveau entravés pendant plusieurs années par la prohibition dont l'Espagne et l'Autriche frappèrent les articles français. En 1827 il n'y avait plus à Paris que 15 fabricants occupant environ 1,000 ouvriers et 1,200 dans le département de l'Oise.

La Restauration vit paraître les *éventails anagrammatiques*. D'après le journal *le Miroir* du 25 février 1821, on lisait sur ces éventails le mot *Roma*. « Ce mot, au moyen d'un mécanisme fort simple, se change en celui

Fig. 44. — Éventail italien 1er Empire (Collection de M. Ph. de Saint-Albin).

d'*Amor*, qui, bien que latin, nous paraît devoir être compris de nos belles, » ajoute le rédacteur.

C'était principalement dans les bals, les spectacles, les concerts et les assemblées nombreuses, que les éventails jouaient alors un rôle charmant et singulièrement pittoresque. Mais bientôt, semblables aux ailes du dieu de l'inconstance, ils ne se multiplièrent que pour accélérer plus promptement la rapidité de leurs triomphes.

« Ce n'est plus que dans les grands cercles, écrit un contemporain, J. Clavelin (*Petites Étrennes de la Mode, Paris*, 1821), que l'on peut jouir de ce coup d'œil enchanteur ; les éventails ont été obligés de s'y concentrer pour ne pas entrer en concurrence avec les *ombrelles*, *sacs*, *valises en portefeuille*, *gibecières*, *coquilles*, qui les remplacent en ce moment dans la main des femmes. »

Alors les hommes essayèrent une deuxième fois de s'emparer des éventails. A la première représentation de *Corisandre*, opéra comique joué en 1828, quelques élégants avaient voulu recommencer la ridicule tentative des Mignons, en adoptant, comme eux, le sceptre de la coquetterie féminine ; mais cette mode n'eut aucun succès. « Si la Restauration, » dit M. Charles Robin, auteur d'une

Histoire illustrée de l'Exposition universelle de 1855, « a vu l'éventail prendre place un instant dans les colifichets de la vanité masculine pour en être aussitôt expulsé, il n'en est pas moins vrai que la deuxième ère de ce bijou charmant commence à cette époque. Ce furent MM. Desrochers et Vanier qui donnèrent le signal de cette renaissance. Tandis que ce dernier mettait en vente aux vitrines de sa parfumerie des éventails jaunis par le temps, M. Desrochers exhumait des vieux bahuts les modèles de nos aïeules et s'appliquait à ne reproduire dans sa fabrication que ce qui réunissait les caractères les plus marqués d'élégance et de richesse. Il commença ainsi cette riche collection qu'il devait transmettre plus tard à son gendre, M. Alexandre, et qui se compose aujourd'hui de 1,500 éventails appartenant à toutes les époques. »

A propos de M. Vanier, l'un des principaux rénovateurs de l'éventail, qu'on nous permette une anecdote rapportée par M. Charles Robin. « En 1829, à l'époque où l'éventail venait à peine de renaître, un grand bal se préparait aux Tuileries, dans lequel étaient organisés trois quadrilles, dont un, le troisième, style Louis XV. Madame la duchesse de Berry faisait rechercher partout, mais vainement encore, des éventails dignes d'y figurer. On se ressouvint d'en avoir vu de forts beaux à l'étalage d'un parfumeur de la rue Caumartin, on courut chez Vanier, qui jusqu'alors n'avait collectionné qu'en simple amateur ces fragiles trésors d'un monde évanoui. Les éventails

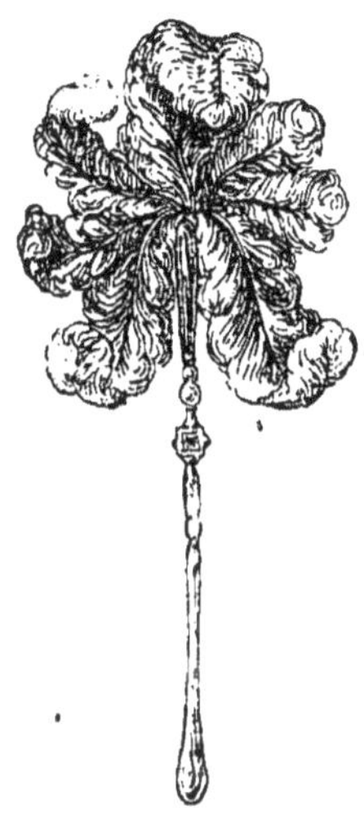

Fig. 45. — Éventail en plumes, tiré du quadrille de Marie-Stuart, dansé à la Cour sous la Restauration.

excitèrent au palais une véritable admiration, tous furent achetés comme savaient le faire les Bourbons. De là l'élan de la Renaissance de l'éventail (fig. 45). »

C'est vers cette époque, où les *Magasins chinois*, place

de la Bourse, possédaient le plus riche assortiment d'éventails de luxe, que le façonnage du bois, le découpage, le polissage, le pailletage, etc., se développèrent à Méru, à Noailles et autres localités voisines. Bientôt même, les ouvriers de ces villages, devenus graveurs, sculpteurs, doreurs, entrèrent en rivalité sérieuse avec ceux de la capitale. Quant aux montures d'éventails en ivoire, ouvrages délicats découpés à jour et imitant la dentelle, on les fabriquait aussi par grosses dans le département de l'Oise, mais on envoyait les plus belles pièces à Dieppe pour que les artistes ivoiriers y missent la dernière main. On les expédiait ensuite à Paris qui, à son tour, les exportait en Espagne, en Italie, en Asie et jusque dans l'Amérique du Sud, où les Chinois nous livrent depuis longtemps une concurrence qui n'est vaincue par nos Picards que par la variété des dessins (1).

A dater de ce moment, Paris n'entreprit plus d'une manière exclusive que les feuilles et les accessoires d'é-

(1) « Lors du mariage du duc d'Orléans avec la princesse Hélène, dit M. L. N. Barbier, auteur d'une curieuse *Esquisse historique sur l'ivoirerie*, le conseil municipal de la Seine commanda à un marchand de Paris deux éventails qui ont été fabriqués dans le département de l'Oise, sculptés à Dieppe, puis renvoyés à Paris pour y être terminés.

ventail, tels que les montures en acier, en argent, en cuivre, en carton ou en peau d'âne, qui eurent beaucoup de succès jusqu'en 1830.

Au mois de janvier de la même année, le bon goût exigeait que l'on portât des éventails très-grands. Mais cela ne dura pas. Le journal *la Mode*, qui nous fournit ce renseignement, nous apprend en outre qu'au mois de mars les écrans devenant de plus en plus communs, on les remplaça par des éventails *à miroir*, avec monture en laque noire rehaussée d'or.

« Comme la chenille qui se transforme en papillon et revêt au printemps ses ailes d'émail et de rubis, poursuit M. Charles Robin, l'éventail, ce papillon de la femme; profita du printemps artistique de 1830 pour se métamorphoser sous les couleurs les plus riches et les plus harmonieuses. La nacre, l'ivoire, l'écaille, les pierres précieuses, les plumes du colibri, le duvet de l'autruche, les étincelles du cristal, l'iris de l'émailleur, les rayons dorés de l'orfévre, les fantaisies de la sculpture, la palette du peintre, en un mot toutes les opulences de la nature, toutes les délicatesses de l'art, furent mises à contribution pour confectionner ces admirables bijoux, qui sont devenus le sceptre et le bouclier de la beauté. »

Néanmoins, les éventails de plumes ainsi que ceux en laque conservèrent leur vogue jusqu'aux derniers jours du règne de Charles X. On en trouve une preuve dans la Chronique de la Cour intitulée : *Le Lys*, livraison de la première semaine de juillet 1830 : « Quant aux éventails, y est-il dit, ceux en plumes noires, peintes et dorées, et ceux en laque à dessins chinois en or, jouissent d'une égale faveur ; il est à observer que, pour qu'ils aient toute la souplesse et la solidité convenables, ces derniers doivent être montés sur bambou, et nous engageons nos lectrices à se le rappeler lorsqu'elles feront l'emplette d'un de ces éventails. »

Après la Révolution de juillet, de grandes améliorations se produisirent dans la fabrication des éventails. Grâce à l'initiative continuelle de M. Desrochers et de quelques artistes de goût et de talent, les magnifiques éventails du temps de Louis XIV, de Louis XV et de Louis XVI devinrent des types de fabrication contemporaine ; la sculpture, si longtemps négligée, fut remise en honneur, et les gens du monde ne manquèrent pas d'aller visiter, chaque année, les magasins du célèbre Laboulée, pour choisir les éventails d'ivoire des XVIIe et XVIIIe siècles, ainsi que ceux en filigrane d'argent découpés comme une dentelle. Le *Protée*, journal de modes en vogue sous le règne de Louis-Philippe et dans lequel nous puisons ces renseignements, parle également, à la date d'août 1834, de grands éventails « de laque doré en bosse. » « Les éventails, continue-t-il, sont des *bijoux* de luxe. Depuis qu'ont reparu les grands éventails Louis XIII et Louis XIV, les nôtres, mesquins et sans grâce, sont tout à fait abandonnés. La collection complète de madame Irlande, au Palais-Royal, est réellement une curiosité attachante. Ces énormes montures de nacre sculptée, incrustée d'or, et d'ivoire sculpté ou peint, qui plient entre leurs branches élancées des feuilles précieuses, peintures de Boucher ou de Lebrun, rappellent vaguement de poétiques souvenirs. Dominé par une foi qui ne laisse aucun doute, on demande à madame Irlande quel est l'éventail dont se servait mademoiselle de La Vallière, et celui qui vient de madame de Maintenon. »

Malgré le goût toujours croissant des amateurs pour l'art ancien, la rénovation de l'éventail se trouva bientôt complétée par l'introduction de plusieurs perfectionnements industriels qui eurent une influence favorable sur la production en général, et notamment sur celle des articles à bon marché. De plus, la chromolithographie appliquée à l'éventail par M. Léger-Pomel, dès l'année 1828, fut substituée en grande partie, vers 1839, à l'impression en taille-douce. Il ne faut pas oublier, comme ayant donné à la fabrication de l'éventail une certaine activité, l'invention des *éventails à coulisse*, renouvelés de ceux de la Chine envoyés par les missionnaires de Péking à la cour de Louis XIV, et remis en faveur sous le règne de Louis XVI; les *éventails-palmes;* les *éventails-écran;* les *éventails-bouquet;* les *éventails à plumes;* les *éventails-nécessaire;* les *éventails-pochette*, dont un curieux spécimen appartient à madame Achille Jubinal; les *cannes-éventail*, les *éventails-étui*, les *éventails-chassepot*, les *éventails sphinx*, et enfin les *éventails froufrou*, qui contiennent un parfum, ingénieuses fantaisies tour à tour prises et délaissées par la mode.

Parmi les artistes de mérite alors choisis par M. Desrochers et auxquels revient la plus grande part dans ce mouvement artistique, nous signalerons particulièrement les frères Gimbel, de Strasbourg. C'est à la fécondité de leur pinceau qu'il faut attribuer, en partie, la résurrection de l'éventail ancien, dont les copies se multiplièrent de 1846 à 1851, époque où l'éventaillerie de luxe prit un nouvel essor. Les feuilles exécutées par ces deux artistes sont rarement signées.

En 1848, l'industrie de l'éventail ne se soutint que par ses envois à l'étranger. Vers 1853 seulement, l'éventail de luxe reprit une importance qui n'a fait que s'accroître depuis.

La fameuse maison de M. Desrochers était alors passée entre les mains de son gendre, M. Alexandre. Celui-ci, suivant les traditions de son beau-père, ne s'entoura que d'artistes de mérite, et s'appliqua d'abord à leur faire imiter le travail délicat des maîtres éventaillistes des XVIIe et XVIIIe siècles. Mais il se lassa de vendre des copies ; il chercha à créer un style moderne, digne de se substituer au style ancien, et qui, au point de vue du travail de la feuille, des dessins et de la monture, n'eût rien à redouter d'une telle comparaison et pût au contraire la défier.

Le succès couronna sa tentative. « On le vit frapper à la porte des peintres les plus distingués et réunir, à l'appui de sa grande idée, toutes les autorités, toutes les adhésions, » raconte M. Charles Robin. « C'est ainsi que MM. Ingres et Léon Coignet, membres de l'Institut, ont accordé leur concours à l'artiste fabricant, qui s'est également assuré la coopération directe de MM. Français, Hamon, Rosa Bonheur, Vidal, Eugène Lami, Gérôme, H. Baron, Antigna, Édouard de Beaumont, madame Joséphine Calamatta, etc., et d'une vingtaine de célébrités du même ordre dont le nom a, par lui-même, une notoriété artistique trop précise pour qu'il soit nécessaire de le faire autrement ressortir. »

Dès lors, l'éventail caractéristique de l'époque moderne, l'éventail du XIXe siècle proprement dit, était créé.

Cependant le goût toujours croissant des amateurs et des curieux pour les objets de toute nature relatifs à l'art ancien, augmenta encore la vogue des éventails des XVIIe et XVIIIe siècles, dont primitivement M. Desrochers avait, le premier, rapporté tant de beaux spécimens de la Hollande.

C'est principalement en Hollande, en effet, que, sous

la première Révolution, se réfugièrent les émigrés, emportant avec eux tout ce qu'ils avaient pu réunir d'objets rares et précieux.

De là l'origine d'une célèbre collection d'*Éventails des Cours Louis XIV, Louis XV et Louis XVI*, vendue aux enchères publiques en 1861, et dont l'obligeant M. Vignères, expert et marchand d'estampes, a bien voulu nous communiquer le Catalogue.

« Cette rare réunion d'éventails des Cours des derniers siècles, lit-on dans l'avant-propos, n'a point été faite en vue de ce qu'on appelle maintenant une Collection; elle est l'œuvre d'un hasard.

« Recueillis à l'étranger durant l'émigration, ces éventails étaient alors laissés, comme souvenir d'une cordiale et bienveillante hospitalité, reçue à une époque et dans des circonstances qui rompaient brusquement tant de relations et dispersaient tant d'amitiés.

« Une parole, le hasard, firent offrir le premier, puis la mode en vint.

« Alors ce fut à qui prendrait, parmi ses bijoux, ces autres bijoux conservés dans chaque famille autant comme œuvres de grands artistes, qu'à cause des souvenirs qui s'y rattachaient, pour les ajouter à ceux déjà offerts; et le nombre s'en accrut bientôt.

« Plus tard, transmise par héritage en d'autres mains, cette réunion s'augmenta encore de quelques pièces retrouvées en Angleterre, en Belgique et en Allemagne... »

Ajoutons que cette importante et unique collection, plusieurs fois citée dans le courant de notre ouvrage, se composait de 350 éventails et de 203 feuilles.

Plusieurs éventaillistes actuels ont suivi avantageusement M. Alexandre dans l'ère de rénovation inaugurée par lui. Il faut citer en premier lieu M. Duvelleroy, de chez lequel sortit, en 1866, un éventail peint par Eugène Lami, destiné à la corbeille de mariage de madame la comtesse de Paris. Cette acquisition princière prouve péremptoirement que les éventails artistiques de M. Duvelleroy sont des merveilles aussi remarquables par la délicatesse des peintures que par l'exquise finesse de la sculpture et de l'ornementation.

Vient ensuite M. Alouise Van de Voorde, célèbre comme sculpteur dans toute la fabrication. Créateur d'un nouveau genre d'éventail, dont la monture est une innovation on ne peut plus heureuse, les produits de M. Alouise Van de Voorde sont d'une conception hardie, d'un goût tout à fait artistique, d'une grande simplicité et accompagnés de beaucoup de mouvement et de vie. Jamais, on peut le dire, ses concurrents n'ont pu atteindre à sa perfection.

Parmi les émules de ce dernier, qui a l'avantage d'être le fils de ses œuvres, il faut citer M. Voisin, M. Vanier-Chardin, M. Rodien, M. Frédéric Meyer, puis enfin M. Auguste Buinot, qui fit parler de lui, il y a quelques années, par une création assez originale, l'éventail dit *de poche*, se pliant en deux au moyen d'un mécanisme simple et ingénieux, qui le met à l'abri des nombreux accidents auxquels il est assujetti (fig. 46).

Quant à M. Loizel, sculpteur habile et homme de goût, il serait impardonnable de l'oublier; ses réparations artistiques sont appréciées de tous les amateurs, et les talents multiples qu'il y déploie le placent sans conteste au premier rang.

La France, en ce moment, n'a pas d'autres concurrents que l'Inde, la Chine et le Japon. Cependant, malgré les progrès de l'industrie japonaise et le bon marché auquel les Chinois sont arrivés à vendre leurs éventails (1), les

Fig. 46.

produits français s'expédient dans tous les pays du monde, surtout en Amérique et en Italie. Quant à l'Espagne, que quelques auteurs se sont plu à représenter comme rivale de la France, elle en est, au contraire, tributaire, car la plupart des montures d'exportation lui sont destinées.

C'est donc avec nos éventails qu'a lieu la gentille manœuvre (*manejo del abanico*) des señoritas et des señoras, qui jouent si bien de ce meuble-bijou, qu'on a dû créer un mot tout exprès pour exprimer l'art charmant auquel d'habitude elles consacrent les trois quarts de leur vie. On appelle *abanicar* le jeu de l'éventail, et *ojear* le jeu de

(1) Notre commerce établit des éventails à 5fr,50 la grosse ou les douze douzaines (3 centimes la pièce), mais les Chinois dépassent encore ce bon marché : on trouve à Canton des éventails qui ne se vendent que 9 fr. le mille, ce qui les met à 1fr,30 la grosse, ou si l'on aime mieux à un peu plus de dix centimes la douzaine.

la prunelle. Les deux jeux font là paire, remarque finement M. Louis Énault, et il suffit de l'un des deux pour perdre un homme. « Une dame espagnole, dit à cet égard Benjamin Disraeli dans *Contarini Fleming*, ferait honte, avec son éventail, à la tactique d'une troupe de cavaliers. Tantôt elle le déploie avec la lenteur pompeuse et la consciencieuse élégance de l'oiseau de Junon ; tantôt elle l'agite, ou avec une morbidesse nonchalante, ou avec une attrayante vivacité; tantôt l'éventail se referme avec un frémissement qui ressemble au battement d'ailes d'un oiseau et vous fait tressaillir. Psst! au milieu de votre confusion, l'éventail de Dolorès vous touche le coude ; vous vous retournez pour écouter, et celui de Catalina vient vous piquer au flanc. Instrument magique ! Dans ce pays, il parle une langue particulière ; la galanterie n'a besoin que de ce délicat bijou pour exprimer ses plus subtiles conceptions ou ses plus raisonnables exigences. »

Ajoutons qu'au théâtre, en Espagne et à la Louisiane, rien n'est curieux comme le maniement des éventails, lesquels, selon l'heureuse expression du romancier anglais, Th. Bentzon, « jouent avec cette grâce expressive qui est une silencieuse *flirtation*. Avant le spectacle ou pendant les entr'actes, tout le monde cause au milieu d'un bruit confus semblable à la susurration d'une immense ruche d'abeilles. La toile se lève-t-elle, chacun reprend sa place ; toute conversation cesse ; les éventails, auparavant agités dans tous les sens, prennent peu à peu un mouvement régulier ; ils voltigent en cadence, captivant les regards ainsi qu'une multitude de papillons diaprés, et charmant l'oreille des spectateurs par leur délicieux *froufrou*.

Comme nous avons eu déjà occasion de le dire, la confection des éventails se divise en deux parties bien distinctes : celle des panaches et des brins, et celle des feuilles qui les recouvrent. Le travail des premiers se fait en Picardie, où les habitants de plusieurs villages entre Méru et Beauvais, tels que Corbeil-Cerf, le Déluge, Sainte-Geneviève et autres, s'y adonnent exclusivement : hommes, femmes, enfants, tout le monde, dans ces villages, est éventailliste. Sous leurs mains, la nacre de perle, l'ivoire, l'os, la corne, le bois de sandal, l'ébène, le bois du lotus, et d'autres bois de tous les pays et de tous les climats, prennent des formes aussi délicates qu'élégantes, et sont ornés des dessins les plus achevés. C'est principalement sur la nacre de perle qu'ils déploient toute leur adresse. On ne saurait trop s'étonner de la rapidité et de la précision avec laquelle de simples paysans sculptent ou découpent ces ornements. Le dessin est d'abord esquissé légèrement sur les matériaux par des artistes qui ne s'occupent qu'à inventer et à tracer de nouveaux patrons, suivant leur imagination et leur goût. Les feuilles sont faites à Paris, ainsi que les montures artistiques en nacre, écaille ou ivoire. Mais, il faut le reconnaître, lorsque les ouvriers picards travaillent sur un modèle ou un dessin remarquable, ils le traitent d'une façon supérieure, car il y a là comme partout, selon le mot d'un de nos amis, « des artistes sans le savoir. »

Quant aux maîtres habiles que des récompenses justement accordées autorisent à être fiers de leur mérite, le département de l'Oise en possède un certain nombre. Nous signalerons, entre autres, le sculpteur Jorel, le découpeur Alphonse Baude, MM. Dourain fils, Jules Vaillant et Bastard-Lanoy. Ces trois derniers artistes sont établis à Andeville, et leurs remarquables travaux ont été très-appréciés aux dernières expositions.

XI

En résumé, la fabrication de l'éventail, ce confident de toutes les pudeurs et de toutes les malices féminines, a été complétement ressuscitée de nos jours par MM. Alexandre, Voisin-Vanier et Duvelleroy. L'éventail ancien des XVIIe et XVIIIe siècles, mis autrefois en faveur par MM. Desrochers et Vanier, a certainement beaucoup contribué au développement moderne de cette industrie, qui a su faire de l'éventail actuel un véritable bijou artistique. En effet, l'éventail du XIXe siècle restera, comme feuille et comme monture, la dernière expression du goût et du beau. Il faut, au reste, pour en être convaincu, avoir vu certaines montures dont les dessins ont été exécutés par les célèbres ornemanistes Ranvier, Liénard et Rossigneux; d'autres, sortant des ateliers de l'orfévre Duponchel ou du bijoutier Wiese; une autre monture encore, sculptée d'après un modèle en plâtre composé par les frères Fannières, élèves de Froment-Meurice, lesquels n'ont certainement pas de rivaux en Europe. Il va sans dire que tous ces éventails, nous allions dire ces joyaux, sont dans des collections princières, principalement en Russie.

Quant aux feuilles qui rehaussent tant de montures précieuses, il en existe d'exquises et la liste en est longue. Il suffira de citer : une *Danse arabe*, par Horace Vernet; *Diane et Endymion*, sujet traité dans le style étrusque, par Ingres; une *Allégorie mythologique*, par Léon Coignet; un *Repos de chasse*, par Faustin Besson; les *Trois Ages*, par Antigna; la *Ronde des fleurs*, par Gendron; les *Arts*, allégorie, par Robert Fleury; l'*Embuscade*, par Émile Wattier; les *Plaisirs du printemps*, style moyen âge, par Picou; un *Mois d'amour*, par de Beaumont; la *Bonne Mère*, par Trayer; un *Repas à la campagne*, par Diaz; les *Saisons*, par Célestin Nanteuil; une *Fête de village*, par Veyrassat; les *Plaisirs de la campagne*, par Plassan; la *Toilette de Vénus*, par Ed. Moreau; une *Fête*, époque de Henri II, par Henri Baron; une *Fête*, par Gérôme; les *Granges batelières*, par Ballue; diverses aquarelles par Tony Faivre et Jules Duvaux, et enfin un richissime éventail, où sur la même feuille se trouvent réunis trois chefs-d'œuvre : un paysage de Français, un sujet de Vidal et un autre d'Ed. Moreau (fig. 47).

Fig. 47. — Éventail moderne (collection de M. Carra de Vaux).

Nous allions oublier les *éventails à fleurs*. M. Reignier, professeur à l'École des Beaux-Arts de Lyon, est le premier qui, à l'Exposition universelle de 1855 et aux Salons suivants, ait exposé des éventails ornés de fleurs, lesquels sont des merveilles de fraîcheur printanière et d'exquise poésie. Madame Achille Jubinal, pour qui M. Reignier a composé trois délicieuses aquarelles, ou plutôt trois idylles, qu'on pourrait appeler les trois âges de la vie, possède un éventail peint sur soie, exécuté par cet habile artiste, digne rival de Saint-Jean : au milieu se trouvent deux médaillons renfermant les portraits des deux enfants de madame Jubinal ; une guirlande de fleurs s'épanouit autour de leurs têtes blondes et se déroule insensiblement des deux côtés de la feuille en tiges flexibles d'une légèreté, d'une finesse et d'une souplesse incomparables.

Dès lors, ce genre d'éventail fut exploité et mis en faveur. Madame Pauline Girardin, dont la palette semble rivaliser avec la corbeille de Flore, contribua beaucoup à ce succès de vogue.

Mentionnons encore plusieurs compositions non moins charmantes : une *Scène vénitienne*, par Eugène Lami, appartenant à madame la comtesse de Paris; *Arlequin et Pierrot*, par Gavarni, appartenant à madame la comtesse de Nadaillac (1); les *Plaisirs du château*, par Hédouin, appartenant à madame la comtesse de Pourtalès, un *Entomologiste*, par Hamon, appartenant à madame la comtesse de Granville, une *Fête à Marly sous Louis XV*, par Sauvage, appartenant à madame Chailloux, les *Noces d'Arlequin et de Colombine*, par Rossi, feuille splendide qui fait partie d'une série d'éventails dus au même artiste et représentant des vues de Venise ainsi que différents épisodes de son histoire, exécutés pour M. Ph. de Saint-Albin, et enfin la délicieuse aquarelle, par Camille Roqueplan, qui décore l'éventail de mariage de la duchesse d'Orléans. Ce dernier appartient aujourd'hui à madame la comtesse de Paris.

A côté de ces noms célèbres, nous nous faisons un

(1) Gavarni a égayé de sa gouache légère et humoristique plusieurs éventails. Outre celui mentionné ci-dessus, nous en citerons deux autres appelés à devenir célèbres. Le premier lui fut commandé par Duvelleroy pour la reine Victoria; le second, qu'il estimait davantage, faisait partie de la richissime collection de l'Impératrice Eugénie. Mirecourt, dans sa *Biographie de Gavarni*, raconte à ce sujet l'anecdote suivante : « Lorsqu'on lui parlait de ses délicieux albums, il s'écriait : Allons donc, en dessin, je n'ai fait qu'une chose un peu passable : c'est un éventail pour l'Impératrice. »

devoir de placer celui de mademoiselle Dubois-Davesnes et celui de M. Soldé. Mademoiselle Dubois-Davesnes a peint des feuilles très-remarquables, en tête desquelles il faut placer celle intitulée *les Muses*, ravissante gouache fort appréciée à l'Exposition universelle de 1867. Les œuvres de cette artiste se distinguent par une grande délicatesse de touche et d'invention dans l'arrangement des sujets; les figures sont très-fines, très-heureuses d'expression, les lignes et le dessin très-soignés. Pour ce qui est de M. Soldé, dont les tableaux de genre ont eu jadis un légitime succès aux Salons annuels, sa réputation n'est plus à faire. Parmi les feuilles dues à l'habileté prodigieuse de son pinceau, nous citerons, entre autres, *le Mariage d'amour*, plus celle où sont représentées, dans cinq cartouches allégoriques, *la Danse, la Chasse, la Pêche, la Musique*, et une *Fête champêtre*. Ces éventails exquis appartiennent à madame la baronne Alphonse de Rothschild.

Quant aux éventails signés de noms aristocratiques — ce ne sont pas les moins jolis, — il faut citer celui donné par la princesse Mathilde à l'impératrice Eugénie, — une rose rouge entourée de ses boutons, — celui de la duchesse de Mouchy, finement gouaché par madame de

Nadaillac, et enfin un autre, exécuté par le prince de Reuss, représentant un bal costumé à l'hôtel d'Albe, au moment du souper.

Les amateurs d'art et de curiosité ont entendu parler, il y a quatre ans, de la fameuse Exposition d'éventails organisée au *South Kensington Museum*, sur l'initiative de la reine Victoria, par la partie féminine de la haute société de Londres. Cette exposition avait pour but de développer chez les femmes d'outre-Manche le goût de cette industrie, et un grand prix de 10,000 fr. fut offert par la reine, pour la grande exposition de 1871, au meilleur éventail exposé. Nous ignorons si le résultat désiré a dépassé ou non les espérances.

Quoi qu'il en soit, les Anglais firent appel au sentiment national des classes élevées, afin de protéger cette industrie dont on voudrait nous enlever le sceptre. Mais, — nos voisins le savent bien, — ce sceptre du goût, de l'élégance et du beau, tant envié par les peuples de tous les pays, la France l'a toujours tenu trop haut pour que ses rivaux puissent jamais espérer y atteindre (1). La grande

(1) Au moment de mettre sous presse, M. Ph. de Saint-Albin, de re-

nation britanniqué ne se blessera pas, nous l'espérons, de cet orgueil si légitime, d'autant plus qu'à l'Exposition du *South Kensington Museum*, les éventails les plus remarquables, au point de vue artistique, étaient pour la plupart des chefs-d'œuvre d'origine française.

Parmi ces derniers, dont notre industrie moderne est fière à juste titre, plusieurs appartiennent, comme on sait, à l'élite de la haute société parisienne. Quant aux exposantes, la seule énumération de leurs noms jette un éclat pareil à celui des pléiades : madame la duchesse de Mouchy, madame la comtesse de Granville, madame la comtesse de Paris, madame la vicomtesse Aguado, madame de Saulcy, madame la comtesse de Pourtalès, ma-

tour d'Italie, nous apprend qu'une Exposition d'éventails a eu lieu à Milan, au mois d'octobre dernier (Voir la *Nuova Illustrazione universale*, Milano Roma, n° 40, 4 octobre 1874). D'après cet amateur éclairé, très-bon juge en matière d'art, la plupart des éventails exposés étaient d'origine italienne et n'approchaient pas des nôtres à beaucoup près, sous le triple point de vue de l'art, de l'élégance et de l'ornementation. Les feuilles, peintes lourdement, manquaient de fraîcheur dans le coloris, de finesse dans l'exécution. Quant aux montures, généralement vulgaires de forme, ne pouvant les faire belles, suivant le mot d'un ancien, on les avait faites riches. Ce témoignage d'un voyageur impartial vient à l'appui de notre dire et confirme une fois de plus la supériorité de l'éventaillerie française sur celle des autres nations.

dame Bourbaki; madame la comtesse de Chambrun, madame la comtesse de Beaussier, madame la comtesse d'Armaillé, madame Achille Jubinal, madame la comtesse Duchâtel, madame la comtesse de Nadaillac, madame Heine, madame Ville de Sardelys, madame la baronne Alphonse de Rothschild, madame Riant, madame et mesdemoiselles du Sommerard, etc., etc.

NOTICES

SUR

L'ÉCAILLE, LA NACRE

ET

L'IVOIRE

NOTICES

SUR

L'ÉCAILLE, LA NACRE

ET

L'IVOIRE

L'ÉCAILLE

L'écaille n'est autre que la substance provenant des grandes plaques épidermiques ou cornées qui recouvrent la carapace et le plastron d'une tortue marine appelée *Caret* (*chelonia imbricata*), qui se trouve dans l'archipel indien, principalement dans les parages de Bornéo, de Soulou, de Bali, etc. Les côtes de l'archipel de Lioutchou, de la Guinée et du Mexique, fournissent aussi des écailles de très-belle qualité.

D'après l'*Histoire naturelle des quadrupèdes ovipares*, la carapace des grandes tortues a depuis quatre jusqu'à cinq pieds de long, sur trois ou quatre pieds de largeur. Le corps entier a quelquefois plus de quatre pieds d'épaisseur verticale à l'endroit du dos le plus élevé. Le poids total de ces grandes tortues excède ordinairement huit cents livres : les deux couvertures en pèsent à peu près quatre cents.

Pline le Naturaliste a donc exagéré, selon son ordinaire, lorsqu'il écrit à ce propos : « La mer indienne produit des tortues d'une telle grandeur, que les habitants couvrent leur cabane *avec une seule carapace;* ils s'en servent *comme de nacelles* pour passer aux îles de la mer Rouge. On pêche les tortues de plusieurs manières, mais surtout en les surprenant, lorsque, au milieu du jour, attirées par la chaleur, elles flottent à la surface de la mer. Leur dos tout entier s'élève alors au-dessus des eaux tranquilles. Ce plaisir de respirer en liberté fait qu'elles s'oublient elles-mêmes. Bientôt leur écaille séchée par l'ardeur du soleil ne permet plus qu'elles s'enfoncent : elles flottent malgré elles, et deviennent la proie de qui veut les saisir. On dit encore que, la nuit, elles sortent de la mer pour pâturer, et qu'après s'être rassasiées avec avidité, elles y retournent le matin, trèsfatiguées du voyage. Elles s'endorment sur l'eau. Le bruit qu'elles font en ronflant les trahit. Alors trois hommes nagent doucement vers chacune d'elles : deux la renversent sur le dos ; le troisième lui passe une corde, et d'autres hommes sur le rivage la tirent à terre. »

Apollon, dans le septième des *Dialogues des Dieux* de Lucien, racontant à Vulcain comment le jeune Mercure inventa la lyre (la chelis tricorde ou l'heptacorde), s'exprime ainsi : « Il a trouvé quelque part une tortue morte, et il en a fabriqué un instrument, en y adaptant un manche, une traverse, plusieurs chevilles qu'il y a fixées, et une table au-dessus de laquelle il a placé sept cordes : avec cela, Vulcain, il fait entendre des sons agréables et harmonieux, au point de me rendre jaloux, moi depuis longtemps exercé à jouer de la cithare. »

Il résulte de ce passage que les Grecs employaient l'écaille de tortue, surtout dans la fabrication des instruments de musique. Ils la tiraient en partie d'Adulis, port d'Éthiopie considéré avec raison comme l'entrepôt de toutes les marchandises de l'intérieur du pays, qui passaient de là en Arabie et en Asie.

Les Romains, au contraire, recevaient l'écaille par les caravanes, qui l'apportaient toute ouvrée de l'Inde. Plus tard, les maîtres du monde apprirent à la travailler eux-mêmes, lorsque Carvillius Pollion, « homme prodigue par caractère et d'une rare sagacité pour tous les raffinements du luxe, » dit Pline, eut imaginé le premier de couper en lames les écailles des tortues, et d'en revêtir les plateaux et les lits de table.

Le naturaliste latin, dans ses remontrances contre la splendeur des tables précieuses en marqueterie, nous apprend en outre à quelle époque les incrustations d'écaille furent le plus en faveur à Rome. « On a cherché aussi dans la mer une matière au luxe, s'écrie-t-il. Pour cela, on a taillé en feuilles les écailles des tortues ; et, depuis peu, c'est-à-dire sous l'empire de Néron, on s'est avisé, par une invention monstrueuse, de les teindre en couleur de bois, et de les déguiser de la sorte, afin de les vendre plus cher. Voilà comment, au moyen de l'écaille, on est parvenu à dégrader le térébinthe, à faire hausser le prix des meubles de citronnier, et à masquer et déguiser l'érable. Naguère le luxe ne se contentait pas de bois simple; il fallait le revêtir d'autre bois; mais aujourd'hui le bois ne suffit plus à sa propre contrefaçon, il y faut de l'écaille de tortue. »

Nous ferons remarquer que ce genre d'incrustation avait été emprunté aux Grecs. Lucius de Patras, auteur de la plus jolie fable milésienne qui soit parvenue jusqu'à nous, la *Luciade* ou l'*Ane*, et qui a été traduite en latin au deuxième siècle par Apulée, sous le titre de *Métamorphoses* ou l'*Ane d'or*, dit en parlant des décorations d'un théâtre, qu'il y avait « un fort grand lit d'écaille de tortue de l'Inde, tout incrusté d'or. »

Ces lits somptueux se trouvaient au nombre de trois dans les *triclinia* romaines ou salles de festin. Ceux sur lesquels on s'étendait, en hiver, pendant le repas, étaient incrustés d'or et d'ivoire ; ceux d'été se composaient de bois d'érable ou de citre, avec les encoignures et les jointures dessinées par des baguettes d'argent ; enfin ceux de printemps et d'automne étaient ornés de plaques d'argent ou, comme nous l'apprend Varron, dans son *Traité de la langue latine*, « d'écaille de tortue. »

« Dans le temps où les Fabius, les Fabricius et le sévère Caton étaient redoutés, s'écrie à ce propos le bilieux Juvénal, satire onzième, personne ne regardait comme une affaire sérieuse de savoir dans quels parages de l'Océan nageaient les tortues destinées maintenant à décorer la couche de nos superbes descendants d'Énée. Les lits étaient sans ornements..... Ainsi la table, les meubles et la maison, tout était d'une égale simplicité. »

Ce luxe immodéré, on le conçoit, amena sur les marchés de Rome l'écaille en quantité extraordinaire. Aussi les Chinois, qui furent de bonne heure en relation directe avec les Romains, s'imaginèrent que ces nombreuses carapaces provenaient de tortues prises dans les mers du littoral. « Cette contrée, » disent-ils dans leur description du *Ta-thsin*, nom donné par eux au grand empire romain, « cette contrée produit en abondance de l'or, des pierres fines et autres objets rares et précieux, comme des perles brillantes et de grandes écailles de tortue. »

En effet, l'auteur du *Périple de la mer Érythrée* nous apprend que le corail et les écailles de tortue, qui étaient importés de l'Éthiopie et du Zanguebar dans les provinces romaines, étaient transportés de là à la Chine pour servir comme échange dans le commerce. « On importe à la Chine, dit à son tour le marchand Soleyman, dans la

Relation des voyages des Arabes et des Persans; de l'ivoire et des carapaces de tortues de mer. »

Le moyen âge, tout aussi bien que l'antiquité, aurait pu tirer des mers de l'Inde la carapace de la grande tortue, que fournit également la mer Rouge. Mais il n'est pas prouvé qu'on en ait fait usage.

Les peuples de l'ancien Mexique, qui jusqu'alors n'avaient eu aucuns rapports avec les nations civilisées des autres continents, travaillaient au contraire l'écaille avec une habileté merveilleuse. L'historien Tezozomoc, Mexicain d'origine et contemporain de Cortez, raconte, dans sa *Cronica Mexicana*, que les tributs des peuples soumis par les premiers Mexicains consistaient en pierres précieuses, en or, en plumes de toutes couleurs, en étoffes, et enfin en « écailles de tortue incrustées d'or avec beaucoup d'art. » Ces espèces de vases, nommés *acuahuitl*, servaient pour boire le cacao, et provenaient des fabriques de Cholulan. Torquemada (*Histoire des monarchies indiennes*) parle en termes on ne peut plus élogieux des produits de cette ville célèbre dans les fastes de la civilisation aztèque : « Ses ouvrages d'écaille et d'orfévrerie, dit-il, étaient recherchés à l'égal de ceux de Yucatan, et sa poterie, incomparable pour sa finesse et l'éclat de ses peintures, excitait, longtemps encore après la conquête, l'admiration des conquérants. »

Quoi qu'il en soit, le Nouveau-Monde n'avait pas encore livré à Fernand Cortez les innombrables trésors de toute nature qui devaient plus tard étonner et enrichir l'Espagne, et c'est seulement à la fin du XVIe siècle, lorsque les Portugais rapportèrent à Lisbonne (1570), au rapport d'Alfonsus Ciacon, les vases et les objets de toute sorte travaillés en écaille par les Indous, que l'industrie européenne s'empara de cette jolie matière.

Si l'on en croit Cardan, au XVIIe livre de ses *Subtilités* (*De l'art d'amollir les cornes*), les Français surent bientôt ramollir, redresser et teindre la corne, l'écaille, mieux que partout ailleurs. Toutefois Regnault, au chapitre 22 de ses *Observations sur l'Estat et peuple de France*, dit que beaucoup des petits ouvrages de ce genre qui se vendaient chez nous étaient fabriqués à l'étranger.

Tel serait le cas, croyons-nous, de la jolie cithare, écaille et ivoire, du XVIe siècle, appartenant à M. Achille Jubinal.

Le XVIIe siècle excella dans le travail de l'écaille. Non-seulement alors les tabletiers en faisaient des « tabaquières » (*Dict.* de Furetière, v° *Tabac*) qui, d'après le *Voyage du Parnasse*, liv. VII, se vendaient 500 livres lorsqu'elles étaient incrustées d'or, mais ils en ornaient encore le dessus des petites brosses, dans le genre de la brosse à moustaches qui fait partie de la collection de M. Achille Jubinal, et que les galants du temps de Louis XIII portaient toujours sur eux, lorsqu'ils rendaient visite à quelque belle, comme Marion Delorme ou Ninon de l'Enclos. Mais, à l'instar des Grecs, on en faisait aussi des instruments de musique, témoin la flûte en écaille conservée dans la collection précitée. Relativement aux boîtes et aux bonbonnières en écaille, citons particulièrement la collection de M. Léopold Double. Quant aux peignes, M. Achille Jubinal, qu'il faut toujours citer, en possède un des plus remarquables. C'est un démêloir en écaille blonde, fait probablement pour quelque princesse. On y lit l'inscription suivante, finement découpée par l'artiste, qui crut devoir dater et signer son petit chef-d'œuvre : « Vtinam te patriamque fortunet numen supremum. » *Plaise à Dieu de t'être favora-*

ble, à toi et à ta patrie. Anno 1631. Johanno Hammer.

Les incrustations d'écaille de cette époque sont également restées célèbres. Comme le cardinal Mazarin aimait et collectionnait les petits meubles décorés de la sorte, la mazarinade intitulée : *Inventaire du Palais Mazarin*, ne manqua pas d'y faire allusion en style burlesque : « Il n'y a rien de plus poli et de plus droit que les cabinets d'escaille-Tortue. »

Au siècle suivant, les tabletiers avaient conservé leur supériorité dans l'art de découper

Or, nacre, ivoire ou bien l'écaille blonde,

selon les expressions d'un poëte du temps. Ils firent en effet toutes sortes de pièces délicates et autres menus ouvrages en ivoire, écaille ou bois précieux, tels qu'échecs, tabatières, peignes, étuis, navettes, etc., dans le genre de la charmante petite boîte à fard et à mouches, en écaille incrustée d'or, qui se trouve mentionnée dans l'Inventaire de madame Du Barry, et qui appartient aujourd'hui à M. Vatel. On cite aussi quelques riches objets décoratifs, des crucifix entre autres, où l'écaille est heureusement alliée à l'ébène et à l'argent.

C'est vers ce temps que Boule fit entrer l'écaille dans la marqueterie. Le célèbre ébéniste, comme on sait, éleva son métier à la hauteur d'un art, et acquit une grande réputation par ses meubles, ses pendules, ses écrans, etc., enrichis de bronzes et de mosaïques. Il atteignit ce haut degré de perfection par un heureux choix de différents bois de l'Inde et du Brésil ingénieusement disposés, ornés d'incrustations de cuivre, d'ivoire et d'écaille, qu'il découpait en véritable artiste. A l'aide de ces trois matières et de certains bois de couleur, il savait imiter sur ses meubles toutes les variétés d'animaux, de fleurs, de fruits et même, dit-on, des batailles, des chasses et des paysages.

M. le prince de Beauveau, M. le marquis de Vogué et M. le comte d'Armaillé, possèdent plusieurs beaux meubles de Boule en marqueterie d'écaille et de cuivre, ornés de bronzes dorés. Quant à M. le comte de Busenval, sa pendule du temps de Louis XIV, en marqueterie de cuivre sur écaille rouge, est une merveille d'incrustation.

De nos jours on emploie non-seulement l'écaille,

mais encore la fausse écaille, dans la marqueterie et la tabletterie. En 1820, la mode ayant donné une grande extension à la fabrication des peignes de luxe en écaille, on chercha à imiter cette dernière. M. Darcet, inventeur du procédé d'extraction de la gélatine des os par l'acide muriatique, parvint à convertir cette gélatine en écaille factice tout à fait semblable à l'écaille rouge, aujourd'hui si chère, et avec laquelle on fait les plus beaux ouvrages. Cette précieuse découverte permet de fabriquer des morceaux d'écaille d'une épaisseur et d'une grosseur telle que la nature n'en produit pas de semblables. Cette écaille artificielle a les couleurs, la consistance et la translucidité qui caractérisent l'écaille naturelle, à tel point qu'il est impossible aux connaisseurs d'en faire la différence.

Ce qui explique le succès de la fausse écaille, c'est que la vraie, même de qualité ordinaire, a toujours un prix assez élevé en raison des frais de transport et de la production assez restreinte. Or, si l'on voit dans le commerce des objets tels que peignes, tabatières, bonbonnières, boîtes de toute sorte en écaille à des prix à peine supérieurs à celui de la corne, on peut tenir pour certain que cette soi-disant écaille est une imitation dont les mystères nous ont été dévoilés en 1867, à l'Exposition universelle.

« Sur une plaque de corne, dit M. Victor Cosse, on trace à l'aide d'un pinceau des taches de forme et de grandeurs diverses, qui rappellent les jaspures de l'écaille. Le pinceau est imbibé d'un mordant composé de chaux, de potasse et de minium. Ces dessins s'imprègnent fortement dans la corne, et quand le poli a fait disparaître toute trace de l'opération, la corne présente les mêmes jaspures que l'écaille. Un œil exercé, dit-on, aurait peine à reconnaître le vrai de l'imitation. L'œil, soit ! Mais pesez l'objet, boîte ou peigne, soi-disant en écaille, et vous ne pourrez conserver le moindre doute. L'écaille est relativement très-légère. »

Paris a non-seulement le monopole des peignes en écaille et en imitation, ainsi que de la marqueterie et de la tabletterie d'écaille fausse ou véritable, mais c'est encore aux ouvriers tabletiers de la capitale qu'est réservée la fabrication des éventails de luxe découpés dans cette précieuse substance.

M. Andrioli, entre autres, peut être regardé comme un innovateur en ce genre. Le soin qu'il met à faire sécher pendant près de deux années les carapaces qu'il emploie, la perfection matérielle de ses ouvrages et le goût exceptionnel qu'il apporte à leur fabrication, le placent sans conteste à la tête des industriels qui professent la même industrie.

On distingue plusieurs sortes d'écaille :

La première, qui est la plus estimée, vient des mers de la Chine et des côtes de Manille. Elle est noire, marquée de taches jaune pâle, et paraît d'un rouge vineux lorsqu'on regarde la lumière au travers. On donne le nom d'*écaille jaspée* aux plaques à fond brun nuancé de rouge. La seconde espèce, qui nous arrive des Seychelles par l'île de la Réunion, est d'une couleur vineuse nuancée de jaune clair, et moins transparente. La troisième espèce, appelée *écaille d'Égypte*, vient de Bombay par Alexandrie ; celle-ci, de même que la *caouane*, nom d'une tortue de la Méditerranée et de l'Océan, est de qualité très-inférieure. Enfin l'Amérique nous fournit une quatrième catégorie, dont les feuilles, verdâtres au dehors, noirâtres en dedans, offrent de grandes jaspures et sont de transparence rougeâtre.

Chaque carapace porte treize grandes plaques et vingt-six plus petites, nommées *onglons*, que l'on détache à l'aide de la chaleur, le plus souvent en les faisant tremper dans l'eau bouillante. Ces plaques, grandes et petites, présentent des courbures et des épaisseurs inégales. Comme cette matière se ramollit par l'action de la chaleur au point de ressembler à une pâte flexible et ductile qui se laisse étendre et prend toutes les formes, on peut la redresser facilement et la travailler à peu près comme la corne, c'est-à-dire par l'aplatissage, la soudure et le moulage.

Les Japonais et les Chinois sont les seuls étrangers qui rivalisent avec nous dans la fabrication des objets en écaille. Ils font des vide-poches, des boîtes, des bonbonnières, des peignes en écaille blonde (c'est la plus rare) (1), des soucoupes, des paniers et des corbeilles de 23 centimètres de diamètre sculptés et découpés à

(1) L'*écaille brune* de l'Inde et de la Chine se vend environ 60 fr. le kilog. ; l'*écaille blonde*, 200 fr.

jour, des couteaux à papier, des étuis pour cartes de visites, des éventails, et surtout d'admirables plateaux de grande dimension, surprenants à cause de la difficulté vaincue pour obtenir des objets en écaille de cette grandeur.

L'écaille épaisse, où les taches blondes dominent, est préférée à Canton pour la fabrication à l'usage des Chinois, qui accordent ainsi une plus grande valeur à ce qui est le moins estimé en France. La tabletterie d'écaille faite pour les étrangers est ordinairement mouchetée de taches transparentes orangées.

Quoi qu'il en soit, l'industrie de l'écaille, comme toutes celles connues sous le nom d'articles de Paris, est sujette à des variations diverses. On en a un exemple par la vogue qu'obtient depuis quelque temps la bijouterie d'écaille, après être restée près de trente années sans avoir été exploitée. D'un autre côté, une des grandes spécialités de la tabletterie, la tabatière d'écaille, qui était autrefois un article de grande fabrication, périclite de jour en jour (1).

(1) Le Musée du Louvre possède deux magnifiques tabatières en écaille ayant appartenu à Napoléon Ier et données au *Musée des Souverains* par Napoléon III. Elles sont de forme ovale et doublées d'or. La

Telle est l'inconstance de la mode, dont les caprices sont souvent inexplicables.

LA NACRE

La nacre, de l'arabe *nakar*, qui signifie *coquille*, est une matière cornée et calcaire, c'est-à-dire animale et minérale, qui s'étend annuellement en couche épaisse dans l'intérieur d'un certain nombre de mollusques, tant univalves que bivalves, principalement dans les mulettes et les anodontes, plus connues sous le nom d'*huîtres perlières*.

Cette riche substance, dont sont également formées les perles, doit ses reflets irisés et chatoyants, agréable mélange de couleurs, particulièrement de pourpre, d'émeraude et d'azur, à de petites couches d'air extrême-

première, faite chez Biennais, dont le nom est gravé sur la gorge d'or de l'intérieur, est ornée de médailles grecques d'argent. La seconde offre le portrait de l'impératrice Marie-Louise, fait par Isabey, et daté du 20 avril 1810, l'un des jours de la semaine qui suivit la célébration du mariage de l'empereur. Cette tabatière, cadeau de la jeune impératrice à son glorieux époux, avait été faite chez E. Nitot, dont le nom est gravé sur la gorge d'or de l'intérieur. (H. Barbet de Jouy, *Catal. du Musée des Souverains.*)

ment minces, renfermées entre les couches calcaires et transparentes qui la composent.

L'antiquité a connu et employé la nacre. Au rapport de Suétone, l'intérieur du fameux *Palais d'or*, élevé par Néron, était doré partout, « et orné de pierreries et de nacre de perle. » Il est probable que les anciens employaient aussi la nacre comme objet de parure, témoin la colombe antique en nacre de perle conservée au Louvre, dans la *Collection Campana* (écrin 62, n° 1095).

Les Romains donnaient aux coquilles qui fournissent la nacre le nom de *porcella*. Le moyen âge accepta cette dénomination, en appelant *porcelaine* une famille entière de ces coquilles et aussi les ouvrages faits en nacre de perle.

Cette expression de *pourcelaîne*, que l'on trouve appliquée à la nacre dans les Inventaires et les Comptes du moyen âge, subsista jusqu'au XVIe siècle, époque où elle s'étendit à des vases d'importation étrangère, qui offraient la même blancheur nacrée. Nous voulons parler de la poterie émaillée de la Chine, qui s'empara de ce nom, auquel, dit le marquis Léon de Laborde (*Glossaire fran-*

çais du moyen âge), elle n'avait droit que par une analogie de teinte et de grain, car tous ceux qu'elle avait portés dans le Céleste-Empire et dans les pays qui avoisinent son berceau, n'avaient aucun rapport avec celui de la porcelaine. « Quand cet envahissement fut consacré par l'usage, poursuit le savant paléographe, des objets désignés jusqu'alors sous le nom de *porcelaine* furent décrits, sinon tous, au moins la plupart, sous celui de coquille et de nacre de perle. »

La nacre a donc donné son nom primitif à la vraie porcelaine chinoise, jusqu'au jour où sa signification plus générale s'appliqua à tout le service de la table qui n'était pas en métal. « Il y a des vases dorés et vernissés, lit-on dans le *Génie de la langue française* (1705), il y en a de cristal et de verre, et tout cela est appelé porcelaine. »

Estienne Boileau, dans son *Livre des mestiers*, nous apprend qu'il existait au XIIIe siècle des corporations de tourneurs, tabletiers et tailleurs d'images, qui sculptaient, tournaient et construisaient en os, en ivoire, en corail et en nacre, des figures de saints, des crucifix, des chapelets et des manches de couteaux. Au reste, quantité de documents originaux constatent le fréquent emploi d'objets de toute sorte exécutés en nacre. C'est ainsi que « iij petiz quilliers (cuillers d'argent) où e kockilies (coquilles) de la meer, » figurent dans l'Inventaire du comte de Hereford, dressé en 1322. L'Inventaire de Charles VI (1399) décrit « un tablier (petite table pour le jeu de dames ou d'échecs) de deux pièces, ouvré de coquilles de perles ; » celui du duc de Berry (1416) parle d'un « gros nacre de perles » estimé cinq sols tournois, et d'une « coquille de perle garnye d'or, où il y a trois balaisseaulx (rubis balais), un saphir et trois esmerauldes. » Les Comptes des ducs de Bourgogne, année 1420, citent « ung petit coffret d'escorches de perles ; » et enfin « une petite croix de nacre de perles » est mentionnée dans l'Inventaire de la royne Anne de Bretagne (1428).

Le moyen âge avait préparé la Renaissance, qui déjà apparaissait brillante comme une aurore. Alors, selon les expressions de M. Léon de Laborde, l'Europe entière, sous le charme d'un délicieux réveil, se trouva dans les bras de l'antiquité toujours belle, toujours féconde ; les arts en général reçurent une impulsion nouvelle, et la nacre, employée comme auparavant dans l'ornementation, la parure et l'ameublement, servit pour les travaux délicats de la glyptique, c'est-à-dire la gravure en creux et en relief.

L'Inventaire de Marguerite d'Autriche (1516) mentionne en effet les portraits du roi d'Espagne Philippe le Beau et de la royne Joanne sa fame, gravés « sur feuille de porsellayne. » On trouve également dans les Comptes royaux de 1528 la quittance suivante : « A Guillaume Hoisson, lappidaire, demourant à Paris, la somme de xxxiij liv. iiij sols, pour ung poignart ayant le manche de cristal et garny par la gueisne de troys camayeux (camées) de pourcelayne. » D'un autre côté, l'Inventaire de Charles-Quint (1536) décrit « une couppe d'argent couverte, dorée par dehors et par dedens, garnie de trente-deux pourchelains à manière de camahieux, taillez de plusieurs personnaiges et d'oiseaulx et de rollez (banderolles) où il y a escript : Bien en adviengne. » Les Comptes royaux de 1556 nous apprennent encore que Jean Doublet, orfévre du roi Henri II, reçut iij livres « pour treize bouttons d'or, esmaillez de noir et rehaussez de blanc, esquels y a en chascun ung camahyeu de porselaine, taillés de petites histoires différentes. » Enfin l'Inventaire de François II, fait en 1560 à Fontainebleau, mentionne à la fois « ung bassin creux de nacre de perle, enrichy de plusieurs pierres faulces, estimées ; » deux « grandes esguières aussy de nacre de perle ; » un « grant vase de nacre de perle ; » une « grande coquille de nacque de perle ; » neuf « flacons de coquille de perle, » le tout garni d'argent doré et enrichi de pierreries.

L'Inventaire de la duchesse de Clèves (1566) cite à son tour « huit cuillers de porcelyne garnyes d'argent doré; » l'Inventaire de Marie Stuart (1586) nous révèle que cette reine possédait « deux cuillières de pourcelaine, garnyes l'une d'or et l'autre d'argent; » l'Inventaire des meubles de Catherine de Médicis (1589) énumère également « ung petit coffre de naquar de perles, » plus « ung coffret d'un pied de long couvert de naquer de perles, » et enfin l'on voit par l'Inventaire de Gabrielle d'Estrées, dressé en 1599, que la belle maîtresse de Henri IV, à l'exemple de François II, avait un faible pour les objets en nacre. On trouve décrits, dans cette riche collection, « un fructier de nacre de perles, à escailles de poisson, prisé xxx escus; » un « grand bassin de nacque de perles, aussy a escailles de poisson, bordé d'argent doré, servant à laver mains; » plusieurs vases ou « gondoles de nacque de perles, » deux salières, un vinai-« grier et deux cuillers, une de nacque de perles et « l'autre de quelques escailles, les manches de corail, « prisés Ix sols. »

Ces précieux objets, que leur fragilité et la richesse de leur monture n'ont pu mettre à l'abri des injures du temps et des révolutions, ont été pour la plupart perdus ou détruits. A notre connaissance, MM. Spitzer et Baur peuvent se flatter d'en posséder chacun un échantillon véritablement authentique. Le premier de ces amateurs conserve une conque de nacre de perle gravée, avec monture en vermeil du xvie siècle; quant à M. Baur, sa collection renferme un petit sablier de nacre de perle, monté en or, portant sur l'un de ses plateaux le buste de Henri II, de profil; sur l'autre, l'écu de France, le tout renfermé dans une gaîne de cuir ornée de fleurs de lis dorées. Cette œuvre d'art figurait dans les galeries de l'histoire du travail, à l'Exposition universelle de 1867.

Les objets en nacre exposés dans les musées sont presque tous de travail moderne (1). La *Collection Sauvageot*, au Louvre, renferme deux *nautiles* montés en coupe, dont l'un représentant, gravé en noir, les *Vendanges* (*Silène et Bacchus*), et de l'autre côté la *Toilette de Vénus*, porte la signature de l'artiste : C. HELLECHIN fecit (n° 313). On y voit encore deux médaillons ovales, gravés en relief sur nacre : le premier, sculpté avec la plus extrême délicatesse, représente Henri III, « roi des Français et de Pologne » (n° 311), et provient, si nous avons bonne mémoire, de la collection de feu le comte Horace de Vieil-Castel ; le second offre les traits de Frédéric, comte palatin du Rhin, mort en 1610 (n° 312). On remarquait aussi, au *Musée des Souverains* (Catal., n° 99) l'épée de mariage du roi Henri IV, laquelle est ornée de douze médaillons ovales en nacre placés sur le pommeau, sur la garde et sur la face antérieure de la lame ; ils représentent les douze signes du zodiaque.

Quant au *Musée de Cluny*, si riche en objets d'art de toute sorte, on n'y remarque qu'une coquille de nacre

(1) On sait que l'art moderne succède à la Renaissance au commencement du XVIIe siècle.

sculptée en bas-relief (XVIIe siècle), représentant Jupiter, Junon et l'Amour (n° 1885); une autre grande coquille nacrée gravée au trait (3675) : la *sanctification de la Vierge*, ouvrage espagnol de la même époque, et enfin une plaque de nacre gravée, représentant une danse de personnages moresques, d'après Callot (n° 1884).

Quelques amateurs possèdent des ouvrages de gravure et de sculpture sur nacre, mais la plupart ne sont pas signés ou portent des noms d'artistes inconnus. Telles étaient les quatre plaques de la *Collection Laborie*, gravées au trait par Schawberg, et représentant des scènes mythologiques. Cette collection a été vendue en 1867.

Il faut faire exception toutefois pour trois ravissantes plaques de nacre de perle sculptées en bas-relief, et appartenant à M. Achille Jubinal. Ces plaques, dont l'une sert de couverture à une petite brosse en chiendent du XVIIe siècle, représentent des enfants s'ébattant gaiement au milieu de riants paysages, et portent la signature de *Backuysen*. Bien que ce nom soit celui d'un peintre de marines fort connu, nous doutons beaucoup que cet artiste, qui excellait également dans la gravure en taille-douce, ait jamais sculpté et fouillé la nacre, genre de travail familier aux graveurs en camées tendres dits *camées coquille*. Quoi qu'il en soit, le charme de la composition et la finesse moelleuse du modelé font le principal mérite de ces nacres, dues à l'échoppe d'un artiste habile, parent peut-être du célèbre rival de Van den Velde.

M. Achille Jubinal possède en outre une curieuse collection de navettes du XVIIe siècle, parmi lesquelles nous en avons remarqué une en nacre incrustée d'argent, d'un goût exquis. Ajoutons à cette navette un petit nécessaire en nacre incrustée d'or, orné d'un joli médaillon en miniature et portant ces mots : NÉCESSAIRE D'AMOUR, et nous aurons cité, en fait d'objets en nacre, ce que l'on peut trouver de plus élégant comme forme, de plus coquet comme décoration.

Si maintenant nous passons des objets usuels aux véritables œuvres d'art, il faudra s'arrêter tout d'abord au merveilleux médaillon en nacre de Louis XV, signé L. Durand, et qui paraît se rapporter à la bataille de Fontenoy. « Je ne sache point d'image de Louis XV, dit M. Ph. de Chennevières, dans ses *Notes d'un compilateur sur les sculpteurs et la sculpture en ivoire*, où le roi bien-aimé apparaisse plus ravissant de noblesse et de beauté ; c'est le type le plus exquis et le plus jeune, le plus fier, le plus adorable, le plus idéal de la beauté bourbonnienne. Et quelle grâce et quelle adresse dans l'ajustement du manteau et de l'armure ! Le talent consommé de l'artiste, qui, à coup sûr, n'a point débuté par un tel chef-d'œuvre, la richesse de ton et de reflets de la matière, tout concourt à faire de cette petite merveille (appartenant aujourd'hui à M. Philippe de Saint-Albin) l'une des plus curieuses curiosités de ce temps-là. »

Cependant, c'est à peine si l'on a quelques détails sur l'existence de cet artiste. Millin, dans l'*Encyclopédie méthodique* (t. II, p. 495), publiée par Panckoucke en 1791, nous apprend que l'auteur du portrait de Louis XV s'est fait remarquer comme peintre en *émail*, et qu'à côté des portraits de Rouquet et de Liotard, tous deux habiles peintres en émail de ce temps-là, figuraient dignement les compositions de Durand. « Je me fais honneur, ajoute le savant archéologue, d'être l'ami de ce dernier, qui n'est pas moins estimable par l'honnêteté de ses mœurs et la modestie de son caractère, que par l'excellence de son talent. La postérité, qui fera cas de ses ouvrages en émail, recherchera avec le plus grand empressement les morceaux qu'il a exécutés sur la nacre et qui auront échappé à la barbarie de nos petits-maîtres. Mais je crains bien que la plupart de ces bas-reliefs admirables, frottés brutalement sur des tables de marbre qui égratignent et défigurent les plus belles têtes, les plus beaux contours, ne soient effacés et détruits, lorsque les amateurs en connaîtront la valeur, qui n'est pas ignorée aujourd'hui, surtout des premiers artistes. »

Le célèbre antiquaire (v° *Émail*) n'a eu que trop raison : le médaillon si bien décrit par M. de Chennevières est le seul ouvrage sur nacre, signé DURAND, qui, de tous les *bas-reliefs* ciselés par cet artiste, ait échappé comme par miracle à la destruction du temps.

Aujourd'hui, les objets en nacre sont fabriqués avec des coquilles connues dans le commerce par leur provenance. Ces coquilles nous sont apportées du golfe Persique, de l'Inde, des côtes de l'île de Ceylan, du Japon, des côtes de certaines îles de l'Océanie, du golfe de Panama, du golfe du Mexique, etc.

On distingue entre autres :

1° La *nacre franche argentée*, qui vient de l'Inde, de Ceylan, de Madagascar, de la Chine et du Pérou. Elle est ainsi nommée, parce que sa couleur est d'un blanc éclatant. Ses dimensions sont parfois surprenantes.

2° La *nacre bâtarde blanche*, de la mer Rouge : l'intérieur de la coquille qui la produit est d'un blanc jaune et quelquefois verdâtre; son iris se compose de reflets rougeâtres et verts.

3° La *nacre bâtarde noire*, d'un blanc bleuâtre tirant sur le noir, avec des reflets rouges, bleus, verts. On la tire de Sydney.

4° L' *oreille de mer* ou *haliotide*, qui se trouve dans toutes les mers, et la *burgaudine*, qui vient des Antilles.

Toutes ces nacres sont expédiées en Europe à l'état brut. Elles se vendent au poids, et leur prix varie suivant leur beauté et leur grandeur.

La composition de la nacre, bien que superposée par couches, est tellement dure, qu'on est forcé de la tailler à l'aide de petites scies, de limes fines et d'acide sulfurique affaibli. Elle passe successivement par les mains du *scieur* ou *débiteur*, de l'*émouleur*, du *redresseur*, du *découpeur*, du *façonneur* et du *graveur*. Son poli s'obtient au moyen de la ponce et du tripoli, et l'on termine avec le colcotar.

Le travail de la nacre de perle se fait surtout en France (à Paris et dans le département de l'Oise), en Angleterre, en Hollande, en Chine et au Japon.

Les Chinois, qui emploient de temps immémorial la nacre pour la tabletterie, se servent de plusieurs qualités : la première, appelée nacre franche, est reçue de Manille, et provient des pêches faites chaque année sur les côtes des Philippines, depuis Mindoro jusqu'à Mindanao. Les nacres recueillies dans les parages qui avoisinent les Moluques, et exportées par les Malais à Singapore sur les jonques chinoises, sont aussi très-estimées. La nacre bâtarde est importée de Bombay par les Parsis, et provient des côtes de Zanzibar.

Le principal usage de ces différentes espèces de nacres consiste à remplacer le verre à vitres sur les châssis des fenêtres, des lanternes (1), des réverbères; à faire des incrustations sur laque, sandal, bois de rose, etc.

(1) Nous avons vu, en 1867, à l'Exposition du château de Trianon, une élégante lanterne chinoise, dite *escargot*, en nacre, avec charnière

Relativement à la fabrication, voici les renseignements exacts fournis par l'*Étude pratique du commerce d'exportation en Chine*, par MM. Isidore Hedde, Ed. Renard, A. Haussmann et Natalis Randot, délégués commerciaux attachés à la mission de France en Chine (Paris, 1848) : « Les tabletiers font débiter la nacre chez eux et sous leurs yeux. Les grandes coquilles de choix, non piquées, sont mises à part, pour être conservées entières, gravées et sculptées ; pour les couteaux à papier, on réserve les nacres plates et larges ; dans le talon des plus épaisses, on débite des cachets, des manches d'écran, des dés à coudre ou à jouer, etc. Le reste des coquilles sert pour fiches, contrats, jetons, etc. »

Les nacres plates et larges employées pour les couteaux à papier servent aussi à confectionner des éventails de 20 centimètres de longueur, panaches et brins gravés ou sculptés.

En France comme en Chine, la nacre est d'un fréquent usage dans les ouvrages de marqueterie, de ta-

en argent, pour la promenade du soir. Ce petit meuble, qui avait servi à la reine Marie-Antoinette, suivant le catalogue de la vente Fossé d'Arcosse, appartient à M. Auguste Vitu.

bletterie, de bijouterie et de coutellerie. Elle sert en outre à garnir la poignée des épées de luxe, à couvrir des bonbonnières, à faire des étuis, des jetons, des boutons et autres objets de parure. Mais c'est surtout dans la fabrication des éventails que la belle matière est plus recherchée.

Les écailles de nacre destinées aux bijoux et à l'incrustation des meubles sont extraites de l'*avicule perlière* ou grosse huître des mers des Indes, nommée *Avicula margaritifera*, « mère aux perles, » parce que ce mollusque produit en quantité des perles admirables. Les plus belles de ces coquilles ont de huit à dix ans et atteignent jusqu'à 10 centimètres de diamètre sur $0^{m},02$ d'épaisseur.

Quelquefois, dans les incrustations, on associe plusieurs espèces de nacres afin d'en varier le chatoiement. Le berceau offert par la ville de Paris au roi de Rome, fils de Napoléon Ier, était en vermeil, nacre et burgau.

Quant aux montures d'éventails, on les découpe principalement dans la *nacre blanche* dite *poulette*, provenant de Madagascar, ainsi que dans la *nacre noire*, originaire de Sydney. On emploie aussi la *nacre d'Orient*, la *nacre aléotide verte*, et enfin les *burgaudines*, écailles du *burgau*, appelé vulgairement *burgo*, qui toutes trois se tirent du Japon. Les Japonais semblent avoir légué à nos ouvriers d'Andeville (Oise) le talent d'amincir la nacre de ces admirables coquilles en feuilles minces comme du papier, ou de les couvrir des sculptures les plus fouillées.

Les éventaillistes emploient également des nacres d'un blanc nuancé, d'un bel effet argenté et provenant des amers des coquilles, dans le genre de la splendide monture d'éventail de mariage Louis XVI, incrustée d'argent ciselé, de cœurs découpés et de brillants enchâssés, qui appartient à madame Achille Jubinal ; mais aucune de ces nacres n'est appelée à un plus grand succès que la nacre d'Orient dite *Goldfish*, qui depuis quelques années a fait révolution dans l'éventail de luxe. Au moyen d'un procédé dont l'éventailliste M. Meyer est l'inventeur, on est arrivé à donner toutes les nuances de l'arc-en-ciel à ce produit remarquable. M. Meyer a pour auxiliaire, dans la teinture de ces nacres, M. Dumont-Brasseux, à Andeville.

M. Bastard-Lanoy, entre autres, qui excelle dans la gravure sur nacre dite *imitation dentelle noire*, s'est placé au premier rang par ses sculptures en plein, telles que, par exemple, la charmante monture artistique représentant *Diane au bain*, exposée à Paris en 1867. Il a pour auxiliaires MM. Honoré Henneguy et Philidor Descroix.

Citons encore MM. Dourain fils, Cresson jeune, Isidore Petit, Jules Vaillant, auteur d'une monture en burgau d'un goût ravissant, intitulée : *la Cigale et la Fourmi*, et enfin M. Ernest Turpin. Ce dernier a envoyé à l'Exposition des Beaux-Arts de 1874, trois petits médaillons en nacre de perle teinte, Rubens, Michel-Ange et Pierre Corneille, du plus charmant effet.

L'IVOIRE

Tout le monde connaît la substance osseuse qui, sous le nom d'ivoire, constitue les défenses ou dents d'éléphant.

Ces dernières atteignent parfois des proportions considérables. Cuvier cite des défenses d'éléphant qui avaient 8 pieds de longueur et du poids de 5 à 600 livres ; « mais, dit-il, ce ne sont là que des exceptions, et les animaux qui portaient de semblables défenses devaient être très-vieux et d'une taille énorme. »

C'est en Afrique que l'on trouve les défenses les plus volumineuses. Les voyageurs Mandelso, Lopez, Dyack, assurent que celles de 100 et de 150 livres n'y étaient pas rares de leur temps. Aujourd'hui il est difficile d'en trouver de semblables. Une dent d'éléphant, pesant 70 livres et plus, est considérée par les marchands comme de première classe. Cependant, il y a quelques années, une maison américaine débita une dent qui n'avait pas moins de 9 pieds et demi de longueur sur 8 pouces de diamètre, et qui pesait 800 livres. La même maison envoya à l'Exposition de 1851, à Londres, le plus gros morceau d'ivoire qu'on eût jamais vu ; c'était une barre de 11 pieds ($3^m,50$) de longueur, sur un pied ($0^m,30$) de largeur.

A Mascate, où il se fait maintenant un grand commerce d'ivoire d'Afrique, le poids moyen des défenses est de 50 livres. Quant aux éléphants d'Asie, particulièrement ceux de Ceylan, leurs défenses sont plus petites, et le major Forbes assure que le poids d'une paire de défenses y excède rarement 60 livres. Ajoutons qu'à

Ceylan, sur cent individus, à peine en rencontre-t-on un ou deux qui aient des défenses (1).

On distingue quatre sortes d'ivoire :

1° L'*ivoire de Guinée et du Gabon*. Cet ivoire, appelé vulgairement *ivoire vert*, à cause de sa translucidité, qui probablement provient de ce que, comme le bois vert, il a conservé une partie de sa séve, est légèrement blond, et il blanchit en vieillissant, tandis que les autres jaunissent. Nous rangerons dans la même classe l'*ivoire vert-blanc* et l'*ivoire blanc* que l'on tire d'Angola et d'autres contrées africaines plus éloignées.

2° L'*ivoire du Cap*. Il est blond, mat, parfois un peu

(1) Dans l'antiquité et pendant le moyen âge, on tirait l'ivoire d'une partie de la côte de Guinée, qui reçut le nom de *Côte d'ivoire* à cause du trafic qu'on y en faisait. Cette région produisait une grande quantité de défenses d'éléphant ; mais aujourd'hui les chasseurs indigènes ont tellement réduit le nombre de ces animaux, que le commerce de l'ivoire y est extrêmement limité.

La Chine se procure son ivoire dans l'Inde et à Ceylan. L'Europe préfère, en général, l'ivoire africain, dont une partie lui vient par Khartoum, principal marché pour la région comprise entre le 2e et le 10e degré de latitude sud. « Une partie de ces défenses va à Bombay, l'autre va à Londres. L'exportation de l'ivoire est une des branches les plus actives du commerce africain ; quelques chiffres en diront l'importance. A Zanzibar, en 1858, un lot de 47 défenses a atteint le prix de 1,500 livres sterling (37,500 fr.) » Henri Gaidoz, *Les éléphants à la guerre, de leur emploi dans les armées modernes.*

jaune, et offre une grande analogie avec l'*ivoire de Bombay*, qui provient de la côte de Zanzibar, Mascate, etc. ; mais celui-ci tend tend toujours à jaunir.

3° L'*ivoire des Indes*, autrement dit *de Ceylan*, se distingue par son excessive blancheur. L'*ivoire de Siam* peut seul lui être comparé. Cette espèce très-rare, si estimée de nos fabricants, est d'un grain fin et d'un poids très-lourd. Lorsqu'on scie une dent sur toute sa longueur, on y trouve des nuances différentes, variant de la couleur du thé au lait au rosé.

4° L'*ivoire fossile de Sibérie.* Ce dernier, aussi peu employé que l'*ivoire d'Égypte*, lequel est toujours fendu et par conséquent moins estimé, est très-abondant et assez bien conservé, quoiqu'il soit enterré depuis les dernières révolutions du globe.

Les dents de l'hippopotame, ainsi que celles du morse, fournissent également un très-bel ivoire, mais beaucoup plus dur et moins élastique que celui de l'éléphant.

Les anciens Bretons employaient déjà, avant la domination romaine, les dents du morse dans la fabrication des pommeaux d'épée. L'ancienne colonie scandinave du Groënland payait en « dentes de roares, » qui paraissent avoir été des dents de morse, le tribut qui, sous le nom de *denier de Saint-Pierre*, affluait des extrémités de la terre pour défrayer la magnificence des basiliques romaines et les pompes de la cour pontificale.

« Avant le XIIIe siècle, dit M. le comte de Bastard (1), la dent de morse, mammifère amphibie qui atteint quelquefois jusqu'à sept mètres de longueur, était souvent employée pour de petits objets tels que crosses, crucifix, boîtes à hosties, statuettes, coffrets, etc. L'un des signes caractéristiques de cette matière très-dure et très-compacte est qu'on ne voit point dans sa coupe de lignes courbes, comme dans l'ivoire de l'éléphant, mais de simples granulations, circonstance ignorée des imitateurs ou contrefacteurs, et qui aide, pour sa part, à découvrir la fausseté des sculptures prétendues du Xe au XIIIe siècle, du reste fort bien payées, comme originales, par les amateurs d'outre-Manche. A ces époques, l'ivoire était très-rare en Occident, surtout dans le Nord, et quoique les canines de morse soient d'énormes défenses arrondies en dehors, comme elles se recourbent en bas et en ar-

(1) *Rapport sur une crosse du douzième siècle*, publié dans le *Bulletin du comité de la langue, de l'histoire et des arts de la France*.

rière, et qu'elles sont creusées d'un sillon longitudinal à leur face interne, elles ne peuvent fournir de morceaux d'une grande étendue. »

La corne du narval, après avoir été longtemps l'objet d'un culte superstitieux, a également servi pour la sculpture. On en tirait de prétendus remèdes universels; on la suspendait dans les Muséums à des chaînes d'or. Les margraves de Bayreuth en faisaient conserver plusieurs dans leurs trésors de famille; ils en avaient reçu une en paiement de plus de 60,000 rixdalers. Les princes des deux branches de cette maison se partagèrent une de ces cornes avec autant de formalités qu'ils en auraient mis à partager un bailliage. Aujourd'hui, les médecins ont abandonné cette panacée, et le « véritable unicorne, » nom qui lui vient de ce que le narval perd habituellement une de ses défenses horizontales, a perdu sa valeur imaginaire. M. Le Carpentier, dont la belle collection a été vendue aux enchères au mois de mai 1866, possédait une grande et belle défense de narval, de 2^{m},35 de longueur, couverte de figures sculptées en relief, du plus remarquable travail.

Quant à la corne du rhinocéros, elle est plus estimée

des Indous que l'ivoire de l'éléphant, dit Buffon, non pas tant à cause de la matière, dont cependant ils font plusieurs ouvrages au tour et au ciseau, mais à cause de sa substance même, à laquelle ils accordent plusieurs qualités spécifiques et propriétés médicinales. Il en est de même à la Chine, où l'on en fait de grandes coupes pour les festins, parce que, selon Dawis, l'on croit cette corne propre à neutraliser les effets du poison. Autrefois les Chinois l'employaient à faire des plaques de ceintures, dont le prix, dit le marchand Soleyman, dans la *Relation des voyages des Arabes et des Persans*, s'élevait jusqu'à deux ou trois cents dinars (40 ou 60,000 fr.) et au delà, suivant la beauté de la figure dont on y trouvait l'image.

Dans les présents que le roi de Siam envoya à Louis XIV, en 1686, il y avait six cornes de rhinocéros.

Revenons à l'ivoire de l'éléphant. Cette substance admirable, que sa couleur, sa finesse de grain et sa dureté ont fait employer de tout temps dans un grand nombre d'arts, sert, comme on sait, à faire une foule de petits ouvrages d'une extrême délicatesse, des statuettes, des groupes, des bas-reliefs et des éventails, dont quelques-uns, découpés à jour, sont des merveilles de patience et d'habileté.

La blancheur de l'ivoire s'altère au contact de l'air et de la poussière. Pour l'empêcher de jaunir, il suffit de l'enfermer sous un globe de verre hermétiquement clos, et de l'exposer aux rayons du soleil. Lorsque, par une cause quelconque, les objets formés de cette substance acquièrent cette teinte jaune qui les déprécie, on leur rend leur blancheur primitive avec le chlore, l'eau de chaux, ou une lessive de savon noir. Il existe un autre procédé nouvellement découvert et qu'on assure être infaillible : l'opération se fait au moyen de l'éther.

En Chine, on emploie d'autres procédés. Quand les fabricants ont fait un objet avec de l'ivoire vert, ils l'enferment, pour le blanchir, dans une espèce de caisse, et placent celle-ci sur un grillage au-dessous duquel on entretient un feu doux avec de la braise. Si l'ivoire est jaune, on le frotte avec une brosse et du savon ; puis on l'expose sous des arbres à la rosée de la nuit, ou simplement au soleil.

Ce sont les Indiens qui, les premiers, ont appris aux

Européens quels secours merveilleux les arts peuvent tirer des défenses de l'éléphant. Parmi les présents envoyés à la reine d'Angleterre par le nabab de Mourchadebad, à l'occasion de l'Exposition universelle de 1851, figuraient deux grands travaux en ivoire, placés dans le *Palais de Cristal.* Le premier était un trône des plus somptueux que puisse offrir l'Indoustan; ce trône était complétement couvert de sculptures en ivoire, où l'artiste moderne avait combiné les riches arabesques de l'Asie avec le léopard et les armes de la reine Victoria. Le second était un lit royal en ivoire. On rémarquait aussi un jeu d'échecs, un éventail et des bracelets, le tout en ivoire. Ces derniers ont suggéré la réflexion suivante au baron Charles Dupin, dans ses *Rapports sur l'Exposition universelle de Londres :* « Par une coquetterie des dames de Cutche et de Guzerat, presque aussi raisonnables que les femmes de l'Occident, leurs bracelets les plus recherchés sont en *ivoire d'Afrique,* non point parce qu'il est plus beau, mais parce qu'il vient de plus loin et que par conséquent il coûte plus cher. »

Les Occidentaux ont donc reçu l'ivoire comme un présent des arts de l'Inde : c'est de cette contrée qu'ils ont appris l'art de le travailler, longtemps avant de savoir que cette matière précieuse était fournie par les défenses d'un animal extrordinaire, de celui que les Grecs appelèrent éléphant, lorsqu'il fut amené dans leur contrée après les triomphes d'Alexandre en Asie.

Bien antérieurement à l'époque du héros macédonien, il est vrai, l'ivoire avait pénétré en Grèce, où des artistes distingués, entre autres un certain Icmalius, célébré par Homère, excellaient à travailler cette matière. Le commerce phénicien apportait l'ivoire avec l'or et l'argent pour servir à la confection des lyres et des meubles de luxe, enrichis déjà, dès les temps homériques, d'incrustations précieuses, comme on le voit par le siége de Pénélope, le lit et le fauteuil d'Ulysse, les portes du palais de Ménélas.

Mais ce produit était très-rare dans l'antiquité, à cause du peu de relations qu'on avait avec les Indes et l'intérieur de l'Afrique, seules contrées où l'on rencontre l'éléphant, alors inconnu des peuples de l'Occident.

David paraît être le plus ancien auteur qui ait parlé

de l'ivoire : « La myrrhe, l'ambre et le sandal s'exhalent de vos vêtements, et des palais d'ivoire où les filles des rois font vos délices et votre gloire, » s'écrie-t-il dans un de ses *Psaumes*.

D'après l'*Odyssée*, l'ivoire était également employé par les Grecs pour orner les clefs, les brides, les fourreaux d'épée, etc. On comprend alors que Thésée, selon les *Métamorphoses* d'Ovide, ait été reconnu par son père à la poignée d'ivoire de l'épée cachée par lui.

D'un autre côté, l'*Iliade* nous montre les femmes de Mœonie ou de Carie, dans l'Asie Mineure, colorant en pourpre l'ivoire qui devait orner le frein des coursiers. C'est pourquoi Tryphiodore, fidèle à la tradition homérique, dans son poëme sur la *Prise de Troie*, ne manque pas de dire, en parlant du fameux cheval d'Épéios : « Quant à son mors, il était orné d'ivoire et d'airain incrusté d'argent. »

Plus tard, les sculpteurs grecs mirent à contribution cette précieuse matière. Endœos, entre autres, éleva une statue de Minerve en ivoire dans le temple de Tégée. Les statuaires Dipœne et Scyllis avaient aussi enrichi de quelques parties d'ivoire les chevaux des Dioscures.

Plusieurs siècles auparavant, le travail de l'ivoire était très-familier aux Égyptiens qui le tiraient de l'Arabie. Les peintures exhumées des ruines du temple d'Hatasou, près de Thèbes, où sont retracés les principaux épisodes de l'expédition maritime entreprise sous la fille de Toutmès Ier alors régente, au pays de *Pount*, c'est-à-dire en Arabie (XVIIe siècle avant Jésus-Christ), nous montrent la flotte traversant la mer Rouge, abordant en Arabie, et les vainqueurs recevant comme contribution de guerre le lapis-lazuli, l'*ivoire*, l'or, les sycomores transportés en Égypte dans des corbeilles d'osier, et même des singes destinés sans doute à l'amusement de la régente.

En même temps qu'ils utilisaient l'ivoire dans certaines parties de l'architecture, les représentants de la civilisation pharaonique le faisaient servir à la décoration des trônes et d'autres meubles, usage qui des races syriennes passa bientôt de l'Asie Mineure dans l'Occident. Diodore de Sicile parle en effet de statues colossales d'ivoire et d'or appartenant aux rois des premières dynasties, ainsi que d'une foule d'objets précieux en ivoire qui ornaient la fameuse ville de Thèbes *aux cent portes*, dont la grandeur et la richesse avaient déjà frappé l'imagination d'Homère (1).

Le *Livre des Rois* mentionne ce mode de décoration. Le prophète Amos décrit la célèbre maison en ivoire d'Achaz, roi de Juda : « Je détruirai l'habitation d'hiver et l'habitation d'été; les palais d'ivoire disparaîtront, les édifices superbes seront abattus, dit le Seigneur. » Enfin l'on sait, d'après les *Antiquités judaïques* de l'historien Josèphe, que Salomon fit faire un trône d'ivoire en forme de tribune, sur lequel on montait par six gradins. « Toutes les parties du trône étaient reliées entre elles avec de l'or. » Ce qui est conforme à la description authentique que nous fournit l'Écriture. « Le roi, lit-on dans le livre des *Chroniques*, fit un grand trône d'ivoire, et le couvrit d'or pur. Il y avait six degrés au trône, un gradin en or fixé près du trône, avec des bras d'un côté et de l'autre,

(1) Il résulte des découvertes de M. Auguste Mariette, conservateur du Musée de Boulaq, au Caire, que l'expression homérique, par nous employée à dessein, n'a rien de fondé. « Thèbes a été bien mal nommée la *ville aux cent portes*, dit à ce sujet M. Ernest Desjardins, dans une intéressante étude sur l'*Egyptologie française*, car, n'ayant jamais eu d'enceinte, elle a bien possédé sans doute des portiques, comme celui de Ptolémée Évergète, des portes servant naturellement d'entrée aux palais et aux temples, mais elle n'en a jamais eu une seule donnant accès à la ville. »

à l'endroit du siége ; deux lions étaient auprès des bras... Il ne s'en était pas fait de pareil pour aucune autre royauté. » Cela explique pourquoi Salomon avait équipé une flotte qui, jointe à celle de Hiram, roi de Tyr, faisait un voyage tous les trois ans, et rapportait d'Ophir, d'après la Bible, de l'or, des singes, des paons et des dents d'éléphant.

L'ivoire, au reste, était un des articles du commerce de Tyr, et figure comme tel dans la liste qu'en donne le prophète Ézéchiel (chapitre XXVII, 6 à 52).

Mais revenons aux Grecs, qui, selon la belle expression de Gœthe, « de tous les peuples de la terre, ont rêvé le plus noblement le rêve de la vie. » Les Crecs, comme on l'a vu, excellèrent de tout temps dans l'art de travailler l'ivoire. Ils se plaisaient à l'associer à l'or, non-seulement dans les statues, mais encore dans les meubles de toute nature, dont le plus célèbre est sans contredit le fameux coffre que les *Cypsélides*, ou descendants du Thessalien Cypsélos, avaient consacré au temple d'Olympie, comme tyrans de la riche Corinthe. Ce coffre, au rapport de Pausanias, était en bois de cèdre et orné sur ses quatre faces et son couvercle de figures en partie sculptées en relief sur le bois, en partie incrustées en or et en ivoire. Quant aux vases décoratifs qui servaient pour l'ameublement, Athénée, *Banquet des Savants*, dit à propos des amateurs de son temps : « C'est la matière seule qu'ils admirent, savoir : l'or, l'électre, l'argent et l'ivoire. »

Schlegel dans sa (*Bibliothèque indienne*), affirme que les Grecs tiraient l'ivoire de l'Inde ; mais, au rapport d'Hermippus, cité par Athénée, ils faisaient venir surtout d'Afrique des dents d'éléphant d'une grosseur considérable, et au milieu des sinuosités et des stries de ces dents, ils savaient trouver des plaques d'ivoire dont la largeur s'élevait de 325 à 542 millimètres. « En sciant dans la longueur d'un côté, dit Visconti a propos de ces défenses, et en développant des cylindres creux d'ivoire, on pouvait alors en obtenir des plaques assez grandes et assez épaisses pour être employées même à des statues colossales, dont l'âme ou le noyau était en bois. »

Ces plaques servaient à recouvrir les statues dites *chryséléphantines*, telles que la Minerve Victorieuse du Parthénon, qui, selon Pline, avait dix-huit pieds de hauteur, et le Jupiter Olympien, exécutés tous deux par

Phidias, vers l'an 440 avant Jésus-Christ. La Junon d'Argos, par Polyclète, l'Hébé, du statuaire Naucydès, la Vénus de Pygmalion de Chypre, et enfin la Cybèle d'or de Cyzique, en Arcadie, dont le visage était fait de dents d'hippopotame, avaient été exécutées de la même manière.

D'ailleurs, si l'on en croit Sénèque (*Épître* 10), le philosophe Démocrite avait trouvé le moyen d'amollir l'ivoire au moyen de la vapeur, ou, selon Dioscoride, en le faisant bouillir pendant six heures avec de la racine de mandragore, ce qui le rendait malléable comme de la cire. Nous n'insisterons pas sur l'efficacité toute fabuleuse de ces procédés, et nous renvoyons le lecteur curieux au *Jupiter Olympien*, par Quatremère de Quincy, où se trouve une longue et savante dissertation sur ce sujet (1).

(1) Il y a quelques années, si l'on en croit M. J. Rambosson (*Les Pierres précieuses*), les journaux scientifiques annoncèrent une découverte importante due à madame Rouvier-Paillard, qui devait donner raison aux anciens et aider puissamment à la résurrection de la toreutique éléphantine parmi nous. « Il s'agit, disait l'auteur de l'annonce, d'un procédé au moyen duquel l'ivoire liquéfié est employé à prendre l'empreinte de bas-reliefs et de sculptures de la plus grande dimension. Réduit en pâte, l'ivoire est coulé dans le creux sans aucune pression, et, lorsqu'il est revenu à l'état solide, il prend le modèle avec une parfaite exactitude dans ses détails les plus délicats. Lorsqu'on n'a pas

Dans ces statues — c'était un des principes de la toreutique — l'ivoire était réservé exclusivement pour les chairs, tandis que les plaques d'or repoussées et ciselées formaient les cheveux et les draperies. Une huile particulière servait à donner et à conserver à l'ivoire sa souplesse, et Pausanias raconte que la base du Jupiter Olympien plongeait dans un bassin d'huile qui devait préserver cette œuvre d'art contre l'influence de l'humidité du sol.

Le *Cabinet des Antiques*, à la grande Bibliothèque de Paris, possède une main mutilée en ivoire, provenant d'une

connaissance de ce procédé, on demeure confondu en voyant des bas-reliefs d'un mètre de hauteur, en ivoire d'un seul morceau. Les boiseries sculptées du chœur de Notre-Dame de Paris ont été reproduites par ce nouveau moyen plastique. »

Il est probable qu'on a quelque peu exagéré.

Quoi qu'il en soit, une invention à peu près analogue, et qui eût été bien précieuse à Phidias et à ses contemporains, se produisit à l'Exposition universelle de 1855. Il s'agit d'une machine à dérouler l'ivoire, pour laquelle son inventeur, M. Alessandri, demeurant à Paris, reçut une médaille de 1re classe. « Son exposition, dit le rapport de M. Renard, présentait une feuille de 2 mètres de long sur $0^m,66$ de large. Cet habile industriel est parvenu à fixer inséparablement ces légères feuilles d'ivoire sur des plaques d'ardoise ; on comprend dès lors quelles ressources nos peintres en miniature peuvent trouver dans des feuilles d'ivoire d'une aussi grande dimension ; M. Alessandri exposait en outre les autres objets de sa fabrication, qui sont des peignes fins, des touches de piano, et des coffrets de grande dimension, composés de feuilles d'ivoire d'un seul morceau, et qu'on ne pourrait exécuter sans l'aide de son système. »

statue de jeune fille, de grandeur naturelle. Ce fragment a été donné au Cabinet des médailles et antiques, en 1857, par M. Eugène Piot (nº 3517). Dans l'une des armoires de la Bibliothèque du Vatican, se trouve également une tête antique ou plutôt un visage de proportion naturelle et tout d'un morceau d'ivoire. Le Musée de Copenhague conserve aussi une tête antique d'un seul bloc d'ivoire, et de grandeur naturelle.

Ces précieux spécimens de la sculpture chryséléphantine chez les anciens sont authentiques et par conséquent on ne peut plus rares.

Comme on a pu le constater, l'ivoire constitua de bonne heure, chez tous les peuples civilisés, les ornements distinctifs de la dignité royale, de la puissance et de la richesse. L'antiquité ne parle que de sceptres et de trônes d'ivoire. Selon Denys d'Halicarnasse, les Étrusques avaient adopté ces anciens attributs de la royauté. A leur exemple, les Romains du temps de Brennus donnaient des sceptres et des siéges d'ivoire aux sénateurs. Plus tard, lorsque les descendants de Romulus éprouvèrent *une sorte de passion* pour l'ivoire, selon l'expression de M. de Caylus, la prodigalité du luxe permit aux *eborarii* ou ivoiriers d'orner d'ivoire les lits de repos et les lits de table. Ces espèces de *sofas*, comme on l'a vu précédemment dans notre notice sur l'*Écaille*, se distinguaient par des incrustations différentes pour chaque saison, et, selon le témoignage de Plaute et de Varron, ceux d'hiver étaient seuls enrichis d'or et d'ivoire. « Des tapis d'une écarlate éblouissante couvraient des lits en ivoire, » dit Horace, dans une de ses *Satires*. Bien certainement, c'était sur de semblables lits que les dignes hôtes de Néron s'étendaient pendant les fastueuses orgies du *Palais d'or*, qu'il avait fait construire exprès, et dont le plafond des salles de festin, au rapport de Suétone, était formé de plaques d'ivoire mobiles, d'où se répandaient, sur les convives, des fleurs et des parfums.

Il en était de même pour les lits de repos; ce qui fit dire à un Père de l'Église grecque, saint Clément d'Alexandrie, dans son *Pédagogue :* « Pour moi, je pense que le sommeil qu'on goûte sur le plus humble grabat n'est pas moins doux que sur un lit d'ivoire; » et il ajoute quelques lignes plus loin : « Il ne faut dormir ni dans des lits à colonnes d'argent, ni dans des lits enrichis d'ivoire, cette dépouille inanimée de l'éléphant. »

Poussés par l'amour du faste bien plus que par le véritable sentiment du beau, les Romains devaient inévitablement en arriver à l'imitation de la sculpture chryséléphantine des Grecs. En effet, à l'époque d'Hadrien, ils élevèrent une statue colossale d'or et d'ivoire à Jupiter, dans l'*Olymperium* d'Athènes.

C'est alors que Rome, cédant à l'enivrement de sa gloire, fit construire pour ses héros des trônes et des chars enrichis de bas-reliefs sculptés en or et en ivoire.

Pline le Naturaliste (livre VIII), raconte que de son temps les dents d'éléphant étaient d'un grand prix et fournissaient la matière la plus brillante pour les statues des dieux. Les plus grandes étaient réservées pour les temples; mais celles-ci ne se trouvaient plus que dans l'Inde, le luxe ayant épuisé celles qui se conservaient dans tout l'empire. Et il termine par cette réflexion ironique : « Le luxe a découvert dans les éléphants une autre espèce de mérite : il trouve un mets délicat dans les cartilages de la trompe, par la seule raison, je pense, qu'il croit alors *manger l'ivoire même.* »

Cet abus souleva l'âpre et mordante critique de Juvénal, lequel (Satire XI), flétrissant l'extravagante somptuosité des festins, parle de tables soutenues par des léopards à gueule béante, faits avec l'ivoire des plus belles dents de la Mauritanie, de l'Inde et des forêts de l'Arabie, « où les déposa l'éléphant fatigué de leur poids. » — « Moi, ajoute-t-il dédaigneusement, je ne possède pas une once d'ivoire, je n'ai pas un dé, pas un jeton de cette matière : les manches de mes couteaux ne sont même que de l'os le plus commun ; cependant ils ne gâtent point les viandes, et la poule dont ils divisent les membres ne perd rien de son goût. » Pensée, soit dit en passant, qui a été reproduite plus tard par saint Clément d'Alexandrie, dans son *Pédagogue :* « Croyez-vous qu'un couteau de table ne coupe point s'il n'est garni de clous d'argent ou que le manche ne soit en ivoire ? »

D'après le *Périple de la mer Érythrée*, l'Éthiopie et le Zanguebar, grâce aux nombreux éléphants qui y vivent dans les bois, fournissaient aux Romains de l'ivoire en abondance. « Plus loin (dans l'Éthiopie) sont des bois remplis d'ébéniers, de térébinthes et d'ivoire, » dit Pomponius Méla. Il en était de même pour l'Inde, qui, outre les épices et les autres productions de la Malaisie, exportait l'ivoire provenant des éléphants du pays. « L'Inde nourrit une si grande quantité d'éléphants, remarque Lucrèce, dans son poëme *De la Nature des choses*, qu'ils forment autour de ses murs un rempart d'ivoire impénétrable. » Virgile, au premier livre des *Géorgiques*, dit à son tour : « Ne vois-tu pas que le Tmole nous envoie les parfums du safran, l'Inde son ivoire? » Au reste, l'Éthiopie et l'Inde étaient souvent confondues par les poëtes. Horace et Virgile, en parlant de l'ivoire qui se consommait dans l'Empire, disent l'*ivoire indien*, « ebur indicum; » erreur qu'en sa qualité de géographe ne partagea pas Strabon. Ce dernier, en effet, affirme positivement que les Romains faisaient venir l'ivoire de l'Inde et de l'Éthiopie, allégation confirmée à la fois par une inscription grecque rapportée dans le *Corpus* de Boeckh, et par le *Périple de la mer Érythrée*.

Les auteurs de la décadence, à l'exemple de ceux du siècle d'Auguste, ne connaissaient que l'ivoire indien. C'est ainsi que Sidoine Apollinaire, dans son *Épître à Majorien*, s'écrie : « Dès que Rome s'est assise sur son trône, tous les peuples de l'univers accourent en foule; chaque province dépose à ses pieds le tribut de ses produits. L'Indien apporte de l'ivoire, etc. » Dix ans plus tard, en 468, le même poëte s'adresse en ces termes à Anthémius : « L'Indien, la chevelure parfumée d'essences aromatiques, désarme pour toi la gueule de ses fiers animaux, afin de t'apporter l'ivoire recourbé ; c'est ainsi que l'éléphant déshonoré livre en tribut aux contrées bosphoriques ses dents mutilées. »

La *Collection Campana*, jadis acquise en partie pour le *Musée du Louvre*, renferme quantité d'objets antiques en ivoire ayant appartenu à la vie privée et on ne peut plus intéressants. On y voit des *épingles à cheveux* à tête élégamment sculptée (Écrin 56); des *fuseaux* ornés de dessins gravés en creux (*ibid.*) ; deux *boîtes de toilette*, dont l'une contient encore un reste de fard rose antique (*ibid.*, n°s 980, 966); des *flûtes* à quatre et sept trous, à peu près uniques dans leur genre (Écrin 58) ; des *manches de couteaux* et des *cuillers* enrichis de sculptures (Écrin 57); des *dés* et des *osselets* pour le jeu d'*astragales*, si aimé des Grecs (1) (n°s 1026-1028) ; des *tessères* ou jetons (n°s 1035 à 1056) ; une *poupée* à bras mobiles (n° 1109) ; et enfin deux *cistes* ou cassettes destinées sans doute à recevoir des objets précieux, et trouvées par le prince de Syracuse dans les fouilles exécutées par lui à Cumes (n°s 1083, 1087).

Beaucoup d'objets analogues ont été découverts dans les Catacombes de Rome, car c'est un des traits les mieux avérés et les plus intéressants du génie de l'antiquité, que l'usage d'orner, et, pour ainsi dire, de meubler les tombeaux d'objets qui servaient à tous les besoins, comme à tous les plaisirs de la vie. Les hommes y reposaient avec leurs *armes*, les femmes avec leurs *bijoux*, l'enfant avec ses *hochets*. Aussi les travaux de toute espèce en ivoire trouvés dans les sépultures chrétiennes, font-ils des Catacombes de Rome une véritable mine d'anti-

(1) Ce jeu est très-ancien ; on le trouve déjà mentionné dans Homère. Les *astragales* étaient soit de petits osselets réels tirés du talon de certains animaux, soit surtout de pièces de forme semblable sculptées en os, en ivoire, en marbre, etc. On s'en servait comme de dés ; mais souvent aussi on en plaçait cinq sur le dos de la main ; on les lançait en l'air et on tâchait de les rattrapper sur la même surface. Cette seconde manière était principalement en usage parmi les femmes, et elle a fourni aux artistes grecs de nombreux sujets de composition on ne peut plus gracieux.

quités. Le chanoine Boldetti, dans ses *Observations sur les cimetières des saints martyrs et anciens chrétiens de Rome* (1720), cite plusieurs sortes de jouets d'enfants, recueillis en divers endroits des Catacombes et conservés aujourd'hui dans le *Musée chrétien* du Vatican. Ce sont d'abord des espèces de *marionnettes*, ou de *poupées*, d'ivoire ou d'os, telles qu'il s'en rencontra plusieurs dans le cercueil de Marie, fille de Stilicon et femme de l'empereur Honorius. Au rapport de l'abbé Cancellieri, auteur du savant traité *de Secretar Basilic. Vatican*, ce tombeau royal fut trouvé intact, en 1544, dans le *Cimetière du Vatican*. Aux côtés de cette jeune princesse se trouvaient des *poupées d'ivoire*, dont la présence, dit Raoul-Rochette (*Tableau des Catacombes*), ne peut s'expliquer que par la coutume antique suivant laquelle les jeunes filles, à l'époque de leur mariage, consacraient à Vénus les poupées et autres hochets de leur enfance. « Qu'est-ce que les dieux peuvent faire de l'or qu'on leur offre? » demande aux pontifes le satirique Perse : « Ce que fait Vénus de la poupée que lui consacrent les jeunes filles. »

Les Catacombes ont encore fourni, entre autres objets

antiques en ivoire, de petits masques, composés de plusieurs morceaux, des coffrets de toilette, des bracelets, des fibules ou agrafes, des aiguilles à cheveux (*discriminalia*) terminées en général par une tête de femme coiffée à la mode romaine du temps, des peignes et enfin des cure-oreilles; d'où l'on conclut que ces objets figuraient dans les cercueils chrétiens par un effet de cette persévérance que tout atteste en des habitudes populaires, d'ailleurs bien innocentes, dérivées de l'antiquité païenne.

Mais les maîtres du monde, en transportant le siége de l'empire à Byzance, devaient perdre peu à peu leur éblouissant prestige, et Rome dégénérée entraîna dans sa chute, avec les autres arts, l'art charmant de l'ivoirerie, que les moines furent les premiers à faire revivre parmi nous pendant la longue période du Moyen Age. « O toi qui liras cet ouvrage, dit à ce sujet le moine Théophile (XIe siècle), dans l'introduction de sa *Diversarum artium schedula* (*Essai sur divers arts*), qui que tu sois, ô mon cher fils ! je t'enseignerai ce que savent les Italiens, dans la fabrication des vases, dans l'art de dorer, dans celui de *sculpter l'ivoire* et les pierres précieuses...

Une des applications les plus fréquentes de la sculpture sur ivoire dans l'antiquité romaine et les premiers temps du moyen âge fut la décoration des *diptyques*. Dans l'origine, les diptyques étaient formés de deux petites tablettes de bois ou d'ivoire réunies par une charnière et se repliant l'une sur l'autre comme nos portefeuilles modernes. L'intérieur, sur lequel on écrivait, était enduit de cire qui conservait la trace du stylet. Ces tablettes, qui d'abord ne servaient qu'à écrire et à envoyer des missives secrètes, reçurent bientôt une autre destination. Sous l'empire, les consuls et les principaux magistrats envoyaient à leurs amis, pour consacrer le souvenir de leur élévation, des diptyques d'ivoire dont les parties extérieures étaient sculptées en bas-relief et enrichies d'ornements en or. Cet usage devint si coûteux, qu'on trouve dans le *Code Théodosien* une loi qui ne permet qu'aux consuls seulement de donner en présent des corbeilles d'or et des diptyques d'ivoire. Cette prohibition ne tarda pas à être violée ouvertement ; mais le gouvernement ferma les yeux, si bien que le fils de Symmaque, ayant été nommé questeur, offrit à l'empereur lui-même un registre de ce genre couvert d'or, et à ses amis des diptyques d'ivoire et des corbeilles d'argent.

Plus tard, lorsque la religion chrétienne eut été adoptée dans tout l'empire, les consuls offraient aux évêques des diptyques que l'on plaçait sur l'autel pendant le sacrifice de la messe. « Durant les persécutions des empereurs iconoclastes, dit à ce sujet M. Jules Labarte, les artistes grecs produisirent un grand nombre de sculptures portatives ; ils multiplièrent dans les diptyques et dans les tableaux à volets de petite proportion toutes les représentations odieuses à Constantinople qui pouvaient ainsi échapper à la proscription. — Lorsque la persécution cessa, l'usage en était universel ; il se perpétua dans les siècles suivants. Le croisé, le voyageur, le pèlerin le plus pauvre enferma dans des diptyques et dans des triptyques de bois ou d'ivoire les saintes images qu'il transportait dévotement avec lui, et devant lesquelles il s'agenouillait plusieurs fois par jour pour offrir sa prière à Dieu. On en faisait aussi d'une plus grande proportion qu'on plaçait au-dessus du prie-Dieu dans l'intérieur des appartements. »

Le *Musée du Louvre* et le *Musée de Cluny* possèdent de nombreux échantillons de diptyques antiques et du

Moyen Age. On en remarque un, entre autres, au Musée d'Amiens, que l'on présume être du VIe ou du VIIe siècle. Il représente trois miracles de saint Remi, relatifs au sacre de Clovis. C'est, dit M. l'abbé Corblet, le seul monument de ce genre, datant de cette époque, où l'on trouve sculpté un trait de l'histoire de France.

Lorsque la société chrétienne naquit de l'union violente de la barbarie avec ce qui survivait de la civilisation antique, le hiératisme grec emprisonnait l'expression dans une formule invariable, n'offrant que des personnages rigides dans leurs formes, nuls dans l'expression. « On retrouve dans tous les monuments de cette époque, remarque M. Julien Durand, dans les *Annales archéologiques*, ce style romain aux personnages courts et épais, qui prend sa source dans l'antiquité païenne, se revêt parfois d'une grande noblesse et d'un beau caractère, puis va en décroissant et devient grossier, si grossier parfois qu'il semble l'œuvre d'un faussaire sous l'influence de certaines circonstances. Cet art romain s'est mêlé quelquefois à l'art grec chrétien, et il redevient alors plus noble et plus élégant. Mais en général ces œuvres sont assez difficiles à dater. »

Tels sont : 1° la *Jérusalem céleste*, plaque d'ivoire en bas-relief du *Musée archéologique d'Orléans*, que l'on croit antérieure au XIe siècle et qui dénote une influence byzantine; 2° la plaque de reliure de la même époque représentant divers sujets de la vie du Christ, conservée à la *Bibliothèque Bodléienne*, à Oxford; 3° le Christ byzantin en ivoire provenant de l'église Saint-Isidore de Léon, et exposé au Musée de Madrid.

Un bas-relief du *Musée de Cluny* (n° 387) confirme pleinement l'opinion de l'archéologue que nous venons de citer. Il représente le mariage d'Othon II, empereur d'Occident (973-983), et de Théophano, fille de Romain II, empereur d'Orient.

Mentionnons encore, pour le VIIIe siècle, le *Saint-Michel de Murano*, à la bibliothèque du Vatican, et les *quarante Martyrs de Sébaste*, de la collection Riccardi, à Florence; pour le IXe siècle, les plaques de reliure de l'*Évangéliaire de Lorch* à la Vaticane, le *Sacramentaire de Drogon*, à la grande bibliothèque de Paris, et l'*Évangéliaire* de la même bibliothèque, dont les sculptures ont été publiées dans le *Trésor de numismatique et de glyptique* et expliquées par Charles Lenormant; pour le xe siècle, les ivoires de l'*Évangéliaire d'Epternach*, dont l'un, celui qui offre le plus de personnages, se trouve maintenant à Paris, au Musée de l'hôtel de Cluny (n° 389); pour le xie siècle, la célèbre couverture de l'*Évangéliaire*, dit *de l'église de Besançon*, expliqué par Gori dans son grand ouvrage, et enfin, pour le xiie siècle, l'ivoire du *Sacramentaire de Soleure*, publié par Gerbert.

La *Collection Barnall* et la *Collection Maskel*, devenues toutes deux la propriété du *Musée Britannique*, à Londres, offrent, ainsi que les collections de MM. Basilewski et Spitzer, une quantité de merveilles en fait d'ivoires byzantins. Mais que les collectionneurs qui nous lisent se pénètrent bien de ceci : les ouvrages de ces temps reculés sont devenus très-rares, et la plupart de ceux exposés dans les vitrines des marchands ou dans les ventes pèchent presque toujours par une authenticité plus que douteuse. « Il ne faut pas s'y tromper, écrivait en 1864 M. Clément de Ris, dans la *Curiosité :* outre les faussaires qui exerçaient leur industrie, alors comme aujourd'hui, beaucoup des ouvriers chassés de Constantinople par Mahomet II allèrent s'établir en Italie, en Allemagne et en France, où l'on en retrouve des traces jusqu'en 1520.

Ils continuèrent à ciseler des ivoires dont la forme et les inscriptions étaient immuables et consacrées comme le dogme même. Il faut donc bien y prendre garde, et ne pas voir dans le mouvement des personnages et la haste des lettres des preuves irrécusables de l'antiquité d'une pièce. Le plus ou moins de souplesse d'exécution, la naïveté plus ou moins fruste du travail, sont des indices tout aussi sérieux et moins trompeurs pour un œil exercé. »

Tandis que la sculpture en ivoire restait stationnaire en Occident, les Orientaux nous dépassaient par une merveilleuse habileté, une richesse d'imagination extraordinaire. Nous citerons, en ce genre, le coffret d'ivoire du *Trésor de la cathédrale de Troyes*. Ce coffret, teint en pourpre, chargé de bas-reliefs représentant l'effigie d'un empereur d'Orient, une chasse au lion et une chasse au sanglier, remonte au commencement du Moyen Age et fut apporté vers le début du XIIIe siècle, par le chapelain de Garnier de Trainel, évêque de Troyes, mort à la Croisade. Mentionnons encore « un cor d'yvoire » dont, selon un inventaire du *Trésor de la cathé-*

drale d'Angers, dressé au XVIIIe siècle, saint Lézin s'était servi avant d'être évêque d'Angers. « Cet oliphant, lit-on dans le *Bulletin du Comité de la langue, de l'histoire et des arts de la France*, qui ne paraît point devoir remonter jusqu'à saint Lézin (VIIe siècle), mais bien au commencement du XIIe siècle, est le même, croit-on généralement, que celui qui appartient au *Musée des antiquités d'Angers*. Il est un des plus beaux qu'il soit possible de voir et d'un incontestable travail oriental. » Beaucoup d'ivoires de la même époque et du même style datent en effet de la domination des Maures en Europe et sont de travail arabe d'Espagne.

Les arts de l'antiquité se lient aux arts du Moyen Age par les sculptures sur ivoire plus intimement et avec plus de suite que par tout autre genre d'ornement. Depuis Constantin, les sujets religieux avaient été traités d'après certains types transportés dans divers pays, copiés et imités indéfiniment de la manière la plus servile. Mais au XIIIe siècle on abandonna le formulaire gréco-romain, et les sculpteurs ouvrirent une ère de rénovation. Au lieu des bustes allongés, des figures placides, des poses raides,

des draperies serrées qui caractérisent les ivoires des siècles précédents, ils se révélèrent dans leurs nouvelles œuvres par des qualités sérieuses de composition et de dessin inconnues jusqu'alors. A cette époque, en effet, les formes s'assouplirent, l'expression devint moins sauvage, les poses furent plus nobles et plus gracieuses, les inflexions du corps plus naturelles, les draperies arrangées avec plus d'ampleur et d'élégance, et l'art en partie régénéré donna naissance à ces statuettes, ces plaques de reliure, ces châsses et ces coffrets représentant pour la plupart des scènes religieuses, seules manifestations que pouvaient alors se permettre les artistes. On peut citer à cet égard les deux magnifiques groupes acquis par le *Musée du Louvre* à la vente Soltykoff, ivoires de travail français de la fin du XIIIe siècle. L'un représente la Vierge tenant dans son bras gauche l'enfant Jésus à qui elle offre une pomme ; l'autre groupe représente le couronnement de la Vierge, où le Christ a les traits de Philippe le Hardi et la Vierge ceux de sa femme : « C'est là, dit M. Clément de Ris, une pièce unique comme art et comme intérêt historique. »

Mais lorsqu'au XIVe siècle les romans de chevalerie

commencèrent à faire concurrence aux pieuses légendes, les ivoiriers s'appliquèrent à retracer sur leurs ouvrages des histoires merveilleuses, comme le prouvent simultanément le fragment de coffret de la *Collection Sauvageot*, au Louvre (n° 264), sur lequel l'artiste a sculpté un épisode du fabliau du *Comte Ory* (fin du XIVe siècle), et le coffret ayant appartenu à la reine Blanche de Navarre (XVe siècle), conservé dans le Trésor de la cathédrale de Pampelune.

Estienne Boileau, dans son *Livre des mestiers*, nous apprend qu'il existait de son temps (XIIIe siècle) des corporations de tourneurs, tabletiers et tailleurs d'images, qui sculptaient et construisaient en os et en ivoire des figures de saints, des crucifix, des patenôtres ou chapelets, des manches de couteaux, des échecs, des dés à coudre et à jouer, des coffrets, des *oliphants* ou trompes de chasse, semblables à celui de cette époque qui est au Louvre (n° 913), et qui provient de l'ancienne *Collection Révoil.*

Un cors d'yvoire fu en la tor (tour) sonez,

lit-on dans le roman de *Guillaume au court nez.*

Cette espèce de cor ou cornet, instrument de guerre ou de chasse, a été très en usage dès les premiers siècles du Moyen Age et a ordinairement reçu de riches décorations. « Il était porté, dit M. Jules Labarte, par un page ou par un écuyer, et souvent par le chevalier lui-même. Il servait dans les châteaux à donner l'alerte ou à prévenir de l'arrivée du seigneur ou d'un étranger de marque. On le trouve très-souvent mentionné dans les anciens inventaires. Ainsi on lit dans celui des meubles et joyaux du roi Charles V, fait en 1379 : « Ung cornet d'yvire bordé d'or, pendant à une courroye d'ung tissu de soye, ferré de fleurs de lys et de dauphins d'or. »

C'est vers ce temps, lit-on dans la *Vie de Boniface VIII* (1294-1303), écrite par le bénédictin Rossi (Rome, 1651), que ce pape fit don à la basilique Vaticane d'une couronne en ivoire historiée de douze faits du Nouveau Testament.

Au Moyen Age, les belles qualités de l'ivoire étaient si bien appréciées, que les monuments exécutés sur cette matière parvenus jusqu'à nous ou décrits dans les Inventaires sont innombrables. Néanmoins, on se servit d'os en telle quantité pendant les XIIIe et XIVe siècles, qu'il faut croire à une certaine pénurie d'ivoire pendant ce temps. L'abondance suivit, à en juger par une recrudescence de vogue et de production de monuments d'ivoire à partir du milieu du XVIe siècle.

Le *Musée du Louvre* possède un splendide retable en os sculpté, connu sous le nom de *Retable de Poissy* (n° 888), et composé d'innombrables sujets du Nouveau Testament. Ce beau meuble religieux fut donné par Jean, duc de Berry, frère du roi Charles V, à la fin du XIVe siècle.

De tous nos anciens ivoiriers français, que le *Dit des marchéans* (1320) montre faisant

> Crucefiz et imagerie
> D'argent et d'yvuire entaillie,

il n'y a en que trois seulement dont le nom soit parvenu jusqu'à nous. Le premier, qui vivait au XIIIe siècle, se nommait Roger et excellait à faire les Christs en croix. Voici en quels termes le *Fabliau du Prestre crucifié* parle de lui :

> Un example vueil comencier,
> Qu'apris de Monseigneur Rogier,

Un franc mestre de bon afere
Qui bien savoit ymages fere
Et bien entaillier crucefis,
Il n'en estoit mie aprentis,
Ains les fesoit et bel et bien (1).

Le second, Jean Lebraëllier, que l'Inventaire de Charles V désigne comme ayant sculpté *deux grans beaulx tableaulx d'yvire des trois Maries*, n'a laissé aucun monument signé de son nom.

Enfin le troisième, Berthelot Héliot, est cité dans un Compte de 1393, conservé aujourd'hui dans les registres de l'ancienne Chartreuse de Dijon, déposés aux archives de la Côte-d'Or. Il sculpta pour le duc de Bourgogne Philippe le Hardi l'*Oratoire des duchesses de Bourgogne*, conservé au *Musée de Cluny* (n° 418). C'est un superbe tableau d'ivoire garni de figures et de sujets en relief, représentant la vie de saint Jean-Baptiste, et provenant de l'ancienne Chartreuse de Dijon.

Peut-être faut-il attribuer à cet artiste deux charmants

(1) Nous sommes heureux de signaler ici que personne, avant nous, n'avait eu connaissance de ce « Monseigneur Rogier », qui travaillait si bien l'ivoire, et dont le nom se trouve cité pour la première fois. Cf. Ernest Renan, Discours sur l'état des Beaux-Arts en France au XIVe siècle, apud *Hist. litt. de la France* (XIVe siècle), t. XXIV, 1 vol. in-4°, Paris, 1862. — *Histoire des Arts industriels au Moyen Age et à la Renaissance*, par Jules Labarte, V. *Ivoires*.

bas-reliefs d'ivoire que renferme la même collection (n°s 1984, 1985). Dans le premier, une dame tresse une couronne avec les fleurs que cueille un chevalier agenouillé devant elle. Dans le second, le chevalier et la dame jouent de la guiterne ou guitare et sont assis sous les ombrages. La même scène se retrouve à peu près sur un coffret de la fin du XIVe siècle, orné de sculptures réparties en groupes et en figures isolées (*Musée du Louvre*, n° 907). Les sujets, empruntés également à la vie privée, représentent des jeunes gens qui implorent par des prières, et plus souvent par des caresses, une couronne qu'une dame tient en main et que plus loin on la voit déposer sur leur tête (1). Toutefois l'on distingue sur ce coffret un groupe de femmes jouant à un jeu qui n'est autre que celui qu'on appelle de nos jours la main chaude, et un autre jouant à la balle.

A partir de ce moment, les groupes, les figurines et les petits tableaux sculptés en ivoire deviennent de plus en plus estimés. Le dernier chapitre du compte que rendit, en 1454, Jean Bochetel, trésorier de la reine

(1) On peut consulter, au sujet de cette gracieuse coutume, nos *Recherches sur les Couronnes de fleurs*. Paris, 1869, in-8°.

Marie d'Anjou, chapitre consacré aux dépenses faites par cette princesse pour les étrennes de cette même année, nous apprend que la femme de Charles VII donna à Louise de Laval, belle-sœur de Réné d'Anjou, « deux petitz tableaux d'yvoire » achetés à Henry de Senlis, tabletier, demeurant à Paris.

Ajoutons que plusieurs artistes de talent se faisaient déjà remarquer par leur habileté à exécuter des portraits sur ivoire, des médaillons probablement. Le *Roman de la Rose* (xve siècle) en donne une preuve.

Se se volt déduire à pourtréire,
Il fist un ymage d'iviere
Et mist au fere tele entente
Qu'elle fu si plaisant et gente,
Qu'elle sembloit estre aussi vive
Que la plus bele riens (chose) qui vive.

Ce n'est guère qu'à partir du règne de François Ier que la sculpture sur ivoire, exécutée admirablement alors par les Italiens, les Flamands et les Hollandais, devint en France le privilége exclusif des Dieppois, lesquels faisaient déjà le commerce de l'ivoire au xive siècle (1),

(1) D'après M. Ferdinand Denis, dans son ouvrage intitulé : *Le Génie de la Navigation*, les Dieppois avaient déjà, en 1364, reconnu les Canaries et le cap Vert. Après un voyage de six mois, ils revinrent en France

et qui peut-être ont exécuté le joli buste de *Diane de Poitiers* conservé dans la *Collection Sauvageot*, au *Musée du Louvre* (n° 249). A moins toutefois qu'on n'attribue ce portrait de la duchesse de Valentinois aux maîtres de la communauté et académie de Saint-Luc, à Paris, qui prétendaient avoir seuls le droit « de faire et fabriquer tous ouvrages de sculpture, figures, bustes, ornements en marbre, pierre, bois, *yvoire*, etc., taillés au ciseau, modelés, etc., ciseler les susdites matières, monter en cire, plâtre ou carton, etc. »

Remarquons en passant, avec Regnault, au chapitre XXII de ses *Observations sur l'Estat et peuple de France*, qu'au XVIe siècle on ne fabriquait pas tous les ouvrages d'ivoire qui se vendaient en France, bien que les tourneurs, suivant le même auteur, y travaillassent l'ivoire avec tant de délicatesse qu'ils renfermaient tout un jeu de quilles dans une petite boule pas plus grosse qu'un grain de raisin.

avec un chargement considérable de poivre et d'ivoire. « La quantité d'yvoire qu'ils apportèrent de ces costes, dit un voyageur du dix-huitième siècle, Villaud de Bellefond, donna cœur aux Dieppois d'y travailler, qui, depuis ce temps, ont si bien réussi qu'aujourd'hui ils se peuvent vanter d'estre les meilleurs tourneurs du monde, en fait d'yvoire. »

Alors, sous le souffle vivifiant de la Renaissance, les grands artistes, dans leurs moments de loisir, s'appliquèrent à sculpter l'ivoire. Selon M. Ph. de Chennevières, dans la Notice qu'il intitule modestement : *Notes d'un compilateur sur les sculpteurs et les sculptures en ivoire*, Jean Goujon serait l'auteur du *pulvérin* ou boîte à poudre qui se voit au *Musée du Louvre*, dans une des vitrines de la salle des *Séances royales*, et qui provient de l'ancienne *Collection Révoil*. D'après M. de Laborde (*Notice des émaux et bijoux du Louvre*, n° 920), « ce charmant ouvrage de Jean Goujon a toute la grâce de sa main habile et peut avoir été un délassement au milieu de ses grands travaux. »

Il en est de même de Jean Cousin. Alexandre Lenoir, dans son grand ouvrage sur le *Musée des monuments français*, où il avait fait graver un ivoire attribué à cet artiste, s'exprime ainsi : « La planche suivante (Pl. 131) nous fait voir d'abord une statuette en ivoire, de quinze pouces de proportion, représentant saint Sébastien. Grâce, souplesse, expression et dessin vigoureux, tout est réuni dans l'ensemble de cette figure, attribuée à Jean Cousin. Cet artiste s'était tellement pénétré des productions de Michel-Ange, qu'à la première inspection de ce monument on est trompé. »

Dans la seconde moitié du XVIe siècle, les artistes ivoiriers s'exercèrent avec succès à sculpter des panses de vases, décorés de hauts reliefs d'un grand mérite, et dont les habiles orfévres du temps se plaisaient à rehausser la valeur par des montures précieuses. Ils surent en même temps profiter de la souplesse de leur talent pour orner les ustensiles domestiques, les miroirs de poche, les coffrets de mariage, les boîtes à bijoux, les poignées d'épées et de dagues, les couvertures de livres et les manches de couteaux. Le couteau de l'ancienne *Collection Debruge*, catalogué sous le n° 176, et connu sous le nom de *couteau de Diane de Poitiers*, bien que rien n'indique qu'il ait pu appartenir à l'illustre favorite, en offre un éclatant témoignage. Le manche de ce couteau est formé par la figure en pied de Mars ; le dieu porte un carquois sur les épaules et tient un arc à la main. « Le révérend Fragonall Dibdin, dit M. Jules Labarte, avait déjà parlé de cette jolie pièce dans son *Voyage bibliographique, archéologique et pittoresque en France*. Voici dans quels termes il raconte une conversation qu'il eut avec Willemin (l'auteur des *Monuments français inédits*) à ce sujet : « N'auriez-vous pas, dis-je à Willemin, quelques curiosités dont vous voudriez vous défaire? — Aucune, me répondit-il. » Mais il possédait des dessins de ces sortes d'objets. « Ayez la complaisance de me montrer quelques-uns de ces dessins. » Il me fit voir l'*étui* et le *couteau de Diane de Poitiers,* dessiné par Langlois sur l'original. « Où est l'original? » lui demandai-je aussitôt. « Oh! Monsieur, ce n'est pas la première fois qu'on me fait cette question : un gentilhomme de votre pays, n'ayant pu se le procurer, en avait presque perdu l'esprit, et dans un temps on aurait pu l'avoir pour vingt louis. » J'avoue que je fus très-heureux d'obtenir le dessin de Langlois pour quarante francs. »

Au siècle suivant, Michel Anguier, auteur des sculptures du Val-de-Grâce et de la porte Saint-Denis, commençait, en 1652 (il avait alors 38 ans), un crucifix d'ivoire de 22 pouces de hauteur. Selon Guillet de Saint-Georges, dans son *Mémoire historique des ouvrages de sculpture de M. Anguier* (1690), ce beau Christ fut achevé seulement en 1668.

C'est à peu près vers cette époque que vivait Joseph Villerme, de Saint-Claude (Jura). Il avait d'abord étudié la sculpture à Paris, aux Gobelins. Le célèbre peintre Le Brun lui ayant accordé sa protection, il alla s'établir à Rome, où il mourut en 1723. Il s'était consacré spécialement à la sculpture des crucifix en ivoire.

A l'exemple des maîtres de notre vieille école Française, François Duquesnoy, dit François Flamand parce qu'il était né à Bruxelles, se distingua également par ses travaux sur ivoire. Cet artiste passe à juste titre pour l'ivoirier le plus habile du XVIIe siècle. L'étude de l'antiquité, la fréquentation et les conseils de Nicolas Poussin donnèrent à son talent un cachet de pureté et d'élévation rare chez les artistes de son école. On cite de lui la statue de Saint-André à Saint-Pierre de Rome, et ses ivoires se distinguent, comme toutes ses autres productions, par un modelé plein de grâce, mais vigoureux, par un sentiment exquis des chairs et par une justesse de pose et d'inflexion qui satisfait les regards.

La *Vie des peintres, sculpteurs et architectes modernes*, par Bellori (Rome, 1672), nous apprend que François Flamand, célèbre par ses crucifix, excellait admirablement dans la représentation des enfants de l'âge le plus tendre, « genre gracieux et naïf, qui lui a tant fait d'honneur dans la sculpture et qu'il a mis en œuvre avec son ciseau mieux qu'aucun autre de son siècle. » Ce témoignage est confirmé par plusieurs délicieuses figurines en ivoire de cet artiste conservées au *Musée de Cluny*, entre autres l'*Insouciance du jeune âge* (n° 458).

Gérard van Obstal, né à Anvers la même année que Duquesnoy, fit comme lui sa réputation dans les ouvrages d'ivoire. Caylus rapporte qu'il « y excelloit lorsqu'il représentoit des enfants. » Le Louvre possède deux beaux bas-reliefs de Bacchanales, signés du nom de G. van Obstal. Ils sont longs d'environ un pied sur un demi-pied de haut, et sont découpés de manière à être appliqués sur un fond d'ardoise (nos 894-895).

Enfin Fayd'herbe, l'élève chéri de Rubens, et Francis van Bossuit, appelé le Phidias des Pays-Bas, ont laissé une réputation unique comme sculpteurs en ivoire. Suivant Cicognara (*Storia della scultura*), van Bossuit se distingua surtout dans les figures de femmes et d'enfants; Mariette, dans son *Abecedario* manuscrit, dit qu' « il manioit l'yvoire comme si c'eût été de la cire. »

Mais revenons en France où nous attend le Lyonnais Jean-Baptiste Guillermin, auteur d'un admirable Christ conservé dans la chapelle de la Miséricorde à Avignon, et devant lequel le célèbre Canova, de passage dans cette ville, resta plusieurs heures en extase. « Dans une hauteur de vingt-six pouces, fait d'une seule pièce d'ivoire, » lit-on dans le *Tableau d'Avignon,* par Alphonse Rastoul (Avignon, 1836), « cet ouvrage n'a pas souffert du passage des années. On dirait qu'il sort de l'atelier. Les bras seulement sont ajoutés ; et l'artiste a eu le soin d'en faire de rechange, que l'on conserve en cas d'accident. — Vérité anatomique, sublimité de la pose, expression poétique, perfection des détails, jusqu'à l'apparence de la circulation du sang, tout est là. Ce qui montre l'inspiration, c'est que l'Homme-Dieu respire encore. Et que dire de cette figure si belle, si vraie, qui présente deux aspects, sans que l'ensemble de la physionomie soit détruit ! Du côté droit, les traits souffrent, la pupille de l'œil est fortement contractée ; une ride profonde, empreinte au-dessus du sourcil, trahit la nature de l'homme. Faites un pas, regardez la partie gauche de la face : plus de douleur, rien de terrestre, le Dieu se révèle, il s'élance vers le ciel, et vous reconnaissez celui dont le dernier soupir deviendra le salut du monde (1) ! »

Guillermin a laissé d'autres ouvrages d'une nature toute différente; tels sont, par exemple, les deux vases en ivoire signés de son nom, d'une beauté ravissante, qui font partie du Cabinet de l'empereur d'Autriche, à Vienne. Florent Lecomte, dans son *Cabinet des singularités d'architecture, peinture, sculpture*, etc. (1700), raconte que Guillermin vint à Paris, « où il s'établit et acquit un belle réputation pour les petits ouvrages d'yvoire et de coco dont il a rempli les maisons religieuses, entre autres les Carmélites du faubourg Saint-Germain, et dont plusieurs personnes des plus distinguées de ce royaume, ont fait leur curiosité particulière. »

Lacroix, sculpteur francais qui travaillait à Gênes à la fin du XVIIe siècle, fit également de très-beaux Christs en ivoire, talent qu'il partagea avec les sieurs Hubert et Simon Jaillot frères, dont l'un (Simon) fut reçu membre de l'Académie royale de peinture et de sculpture, le

(1) Ceux de nos lecteurs qui désireraient plus de détails n'ont qu'à lire l'ouvrage de M. Désandré : *Essai historique sur le Christ d'ivoire de Jean Guillermin, et sur la confrérie des Pénitents noirs, dits de la Miséricorde, fondée à Avignon en* 1586. Avignon, 1865, 1 vol. in-18.

28 mai 1661, « sur un Christ en ivoire mourant sur la croix, » disent les registres de cette illustre compagnie. C'est en parlant des œuvres de cet artiste que Florent Lecomte a rendu ce témoignage. « On y trouve tout ce qu'on peut demander de savant et de dévot ; on peut dire que s'il donnait un sujet d'étude aux uns, les autres n'y trouvaient pas moins de sujets de méditations. »

Voici les vers que consacre à ces deux artistes l'abbé de Marolles, dans son *Livre des peintres et des graveurs.*

L'un et l'autre Jaillot, deux admirables frères,
Du lieu de Saint-Oyan (1) dans la Franche-Comté,
Sur l'yvoire exprimant toute leur volonté,
L'animent par leur main sur des sujets contraires.
Par Simon on diroit que la matière endure ;
Hébert la fait plier de la mesme façon ;
De quelle utilité profite leur leçon ?
Et qui peut mieux former une noble figure ?

Quant à Girardon, auquel on a attribué presque autant de Christs en ivoire qu'à Michel-Ange, on ne connaît aucun morceau de lui considéré comme authentique. Ce qui explique la prudence de M. Dumége, dans sa *Notice des monuments antiques et des objets de sculpture moderne*

(1) Aujourd'hui Saint-Claude (Jura).

du Musée de Toulouse (Toulouse, 1828), lorsqu'il dit, en parlant du Christ d'ivoire conservé dans ce musée, qu'il a « été sculpté *dans l'atelier* de Girardon. »

La même réserve doit être employée au sujet des ivoires attribués à Michel-Ange. La descente de croix conservée dans l'une des armoires de la *Bibliothèque du Vatican* paraît, en effet, comme composition, appartenir au Buonarotti; mais quoique ce fameux ivoire appliqué sur fond noir soit d'un travail très-fin, très-habile, très-nerveux de dessin, il doit être, dit M. Ph. de Chennevières, de quelqu'un de ces orfévres ciseleurs florentins, dont plusieurs belles œuvres de ce genre sont venues autrefois en France.

A Munich, on montre aussi un crucifix de la main de Michel-Ange, celui peut-être qui appartenait au cardinal de Granvelle, premier conseiller d'État de l'empereur Charles-Quint. L'*Inventaire des meubles de la maison de Granvelle, à Besançon* (n° 105), dressé en 1607, et dont le manuscrit se trouve à la *Bibliothèque de Besançon*, le décrit ainsi : « Un Crucifix d'yvoire de la main de Michael-Angel, d'haulteur de quinze polces; la croix d'ébenne assise sur un rocher d'ébenne, et le piédestal en bois noir jaspé d'or moulu. »

Quoi qu'il en soit, le *Trésor impérial de Vienne* s'enorgueillit d'un cippe sculpté en haut relief, Silène soutenu par des Satyres, également attribué à Michel-Ange, ainsi que d'un crucifix qu'on dit de Cellini. Ce dernier, si l'on en croit la tradition, aurait encore exécuté le Christ à la colonne et le saint Sébastien, conservés au *Palais-Vieux* de Florence. « Ces pièces ont certainement une grande valeur artistique, » écrit M. Jules Labarte, dans sa *Description des objets d'art de la Collection Debruge-Duménil;* mais rien ne prouve jusqu'à présent que ces deux grands maîtres aient travaillé l'ivoire..... Cicognara fait observer avec raison que les travaux en ivoire attribués à Michel-Ange sont si nombreux, qu'il faudrait, s'ils étaient sortis de ses mains, qu'il n'eût fait que cela toute sa vie..... Quant à Cellini, on ne trouve rien dans ses *Mémoires* qui puisse faire supposer qu'il se soit occupé de travaux de cette sorte. »

Toutefois, au dire de Benvenuto, son père fut le premier Italien qui travailla bien l'ivoire. « Il a fait, dit-il, en os et en ivoire, un miroir d'une brasse de diamètre environ, orné de figures et de feuillages d'un fini et d'un dessin vraiment admirables. Ce miroir représentait une roue : au milieu était la glace ; à l'entour, sept encadrements circulaires contenaient les sept Vertus, sculptées en ivoire et en os teint en noir. Le miroir et les vertus étaient disposés de façon qu'en tournant la roue les vertus se trouvaient toujours droites, grâce à un contrepoids placé sous leurs pieds. »

Les Italiens, d'ailleurs, avaient compris de bonne heure les ressources qu'offre à l'artiste l'inaltérable durée de cette charmante matière, remarquable par la finesse de son grain et par la facilité avec laquelle elle prend, sous le ciseau du sculpteur, les formes les plus variées et les plus délicates. L'Arioste y fait allusion, dans la VIe de ses *Élégies*, lorsqu'il écrit à sa maîtresse : « Dès qu'une fois l'ivoire ou le marbre ont reçu une figure, il n'est pas d'art qui ait le pouvoir de la changer. Mon cœur, plus inflexible que le marbre et que l'ivoire, peut bien craindre un assassin qui le perce ; mais tu n'as pas à redouter que l'impression d'un amour nouveau le grave d'un autre amour que le tien. »

Si maintenant nous passons au XVIIIe siècle, le premier artiste ivoirier qui se présente est David Le Marchand. Mariette, dans sa traduction manuscrite des *Anecdotes de la peinture en Angleterre*, de George Vertue (*Bibliothèque Nationale*), nous apprend que, sorti de Dieppe, sa ville natale, Le Marchand demeura plusieurs années en Angleterre et y travailla à nombre de têtes en forme de médaillons et quelques figures entières, le tout en ivoire.

Vient ensuite Le Flaman, connu grâce au journal autographe de Bernardin de Saint-Pierre, curieux manuscrit que possède M. Ph. de Chennevières déjà cité, et dans les *Notes* duquel, en qualité de compatriote, nous nous permettons de puiser à pleines mains. « Vendredi, 24 mars 1775. — Quoyque le commerce d'yvoire soit bien tombé en France, par la beauté de la marqueterie, et parce que cette matière jaunit, il y a à Dieppe beaucoup d'ivoiriers qui font une multitude de petits ouvrages, tabatières, étuis découpés à jour, sculptés avec une patience extrême. Je fus chez un ivoirier, homme de goût, appelé Le Flaman ; dans un coin de sa boutique étoient rangés en pile une multitude d'os de bœuf. Cet os est le plus plein de tous; il jaunit moins vite que l'yvoire, mais il est plus fragile. L'os de cheval est plus dur, il est d'un blanc éclatant. L'os de mouton.... L'yvoire se distingue de l'os au grain. Le vert est plus compacte. Il a une transparence vitreuse. On devrait encourager l'usage des os, matière de notre cru. »

La ville de Saint-Claude, qui au siècle précédent avait donné le jour aux frères Jaillot et à Villerme, vit naître également dans ses murs les deux Rosset, François et Joseph. On ne connaît guère aujourd'hui qu'un seul Rosset, dit Rosset Dupont, celui qui a taillé en ivoire maint buste des philosophes célèbres de son temps. Voici, au reste, ce que dit de lui le continuateur de Bachaumont, à la date du 2 janvier 1787 : « M. le marquis de Villette raconte que le sculpteur dont on a parlé dernièrement, Rosset-Dupont, est le premier qui ait fait les bustes de Voltaire, se refusant jusqu'alors à prêter son visage ; il était présent lorsque le philosophe de Ferney subjugué par la physionomie de cet artiste de Saint-Claude, disait : Il n'y a personne qui sache donner la vie à un buste comme le sculpteur de Franche-Comté. — Ce qu'il y a d'admirable dans Rosset-Dupont, c'est qu'il n'est jamais sorti de sa petite ville, et qu'en voyant ses ouvrages chacun jugeoit qu'il avoit fait un cours d'études très-long en Italie, et travaillé d'après les grands maîtres ou leurs modèles. Falconnet admirant un saint Jérôme de lui ne pouvait se persuader le contraire.

« Rosset-Dupont manioit avec la même dextérité le bois, le marbre, l'albâtre, même l'ivoire si cassant et si dur ; il pétrissoit celui-ci comme de la cire, et Pigal (*sic*), en parlant des ouvrages de cet artiste en ce genre, avouait qu'il n'avoit rien vu des anciens qui eût plus de perfection. » (*Mémoires secrets*. Londres, 1789.)

En un mot, Rosset avait su s'inspirer des beaux vers du jésuite Louis Doissin, poëte latin mort en 1753, dont les deux poëmes sur la *Sculpture* et sur la *Gravure* sont regardés comme des chefs-d'œuvre dignes de Virgile : « L'ivoire, dit-il, se prête aux formes les plus variées, et taillé avec art, par une main habile, il revêt toutes sortes de figures. On en trouve peu d'une blancheur parfaite ; il en est même qui ne reçoit pas le poli. » (*Sculptura, carmen.*)

Le Musée du Louvre possède une jolie statuette de sainte Thérèse, signée Rosset père, acquise par M. Sauvageot et léguée par lui avec sa collection.

Enfin Crucvolle père et fils et Bienaymé, sculpteurs de Christs ; Cointre, habile dans les images de gueux à la façon de Callot ; Belleteste, qui imita les quatre statues de Versailles représentant les *Saisons ;* Blard l'ancien et Croqueloix, célèbres par leurs descentes de croix en bas-relief, furent, ainsi que Dailly, auteur d'un remarquable bas-relief de *Persée et Andromède,* les meilleurs ivoiriers de la décadence dieppoise.

Peut-être est-ce à l'un de ces artistes qu'il faut attribuer la jolie *râpe à tabac* sculptée en ivoire, que l'on voit au *Musée de la Société des antiquaires de Normandie*, à Caen, et représentant l'Aurore entr'ouvrant une draperie. « Ces valves élégantes, dit à ce sujet M. Gervais, conservateur de ce musée (Catalogue, n° 659), dont les sculptures sont souvent des œuvres d'art, étaient intérieurement garnies d'une râpe en fer. L'usage de râper soi-même son tabac était encore général au XVIIIe siècle. Le Sage, dans son roman de *Gil-Blas*, représente un élégant du temps se balançant dans un fauteuil en râpant du tabac (liv. III, ch. III).

En Allemagne, où les noms d'ivoiriers fameux foisonnent, plusieurs souverains, tels que l'électeur de Saxe, Auguste le Pieux (1586), l'électeur de Brandebourg, Georges Guillaume (1640); l'électeur de Bavière, Maximilien (1651), consacrèrent leurs moments de loisir à sculpter au tour des ouvrages d'ivoire, dont on peut voir des spécimens au *Musée de Dresde*, à la *Kuntskammer* de Berlin, et au palais du roi à Munich. Il existe également de curieux ivoires allemands du XVIIe siècle au *Musée Correr*, à Venise. Mais la plupart des anciens ivoiriers de race tudesque se plaisaient dans des infiniment petits d'une valeur d'art très-secondaire. Le *modèle en petit d'une frégate hollandaise*, par Jacques Zeller (1620), placé dans la seconde chambre du Trésor (*Grüne-Gewölbe*), à Dresde, fournit une preuve non de talent, mais de ce que peut rêver une imagination en délire : « les cordes sont d'or, les voiles, minces comme du papier, sont également d'yvoire ; sur la plus grande voile sont gravées les armoiries de Saxe. Les canons, qui sont à trois rangs, sont de laiton, de la longueur d'un demi-doigt environ ; à l'entour du vaisseau on trouve les noms de tous les princes saxons, gravés en grandes lettres. » (*Description de la ville de Dresde*, par Lehninger, 1782.)

D'un autre côté, M. Jules Labarte nous apprend que Léo Pronner, de Nuremberg, mort en 1630, passait son temps à sculpter des noyaux de pêche, d'abricot et de cerise, sur lesquels, à l'aide d'une loupe, on pouvait compter jusqu'à cent têtes. Certains meubles de la deuxième salle du *Grüne-Gewolbe* contiennent des centaines de ces noyaux « travaillés avec une minutie qui fait ardemment désirer une petite invasion des Vandales ! » s'écrie avec raison M. Clément de Ris.

Mais les Allemands ne sont pas seuls à se complaire dans l'art microscopique. De même que le Grec Callicrate, qui, au rapport de Pline, parvint à faire des fourmis en ivoire dont on distinguait facilement les pattes et jusqu'aux moindres parties du corps, Nougaret, dans ses *Anecdotes des beaux-arts*, raconte que Bovérick, fameux horloger anglais qui vivait au XVIIe siècle, fit « une chaise d'ivoire à quatre roues, sur laquelle on voyait un homme assis et qui était si légère, qu'une mouche la traînait aisément ; elle ne pesait qu'un grain. » — Le *Mercure de France*, mars 1774, affirme que le même prodige d'adresse et de patience fut renouvelé par un sieur Jacob, Polonais qui demeura quelque temps à Paris en 1774, et qui y montrait aux curieux, entre autres merveilles, une semblable chaise d'ivoire montée à quatre roues tournant aisément sur leur essieu, avec un homme assis dans cette chaise, le tout tiré sans aucune difficulté par une seule puce au cou de laquelle était attachée une chaîne d'or.

Comme on le voit par ces exemples, les beaux temps de l'ivoirerie étaient passés. Les premiers cocotiers plantés par les Français à Saint-Domingue, en 1665, ayant fait naître l'engouement pour les fruits de cet arbre exotique, le *coco* fit bientôt concurrence à l'ivoire. On en faisait des vases ornés de bas-reliefs. Pomet, dans son *Histoire des drogues* (1692) dit à cet égard : « L'endroit de l'Europe où se travaillent le mieux ces sortes de fruits (les cocos) aussi bien que l'ivoire, est à Dieppe. »

C'est alors que les Allemands eurent la bizarre idée d'associer l'ivoire au bois pour la sculpture. Ce mélange, d'un effet extrêmement disgracieux, nous dirons même déplaisant, n'était pas sans charme pour certains amateurs d'au delà du Rhin. Dans ces figures, le bois, généralement brun foncé, était employé pour les vêtements et l'ivoire pour les chairs. Rien de plus agaçant et de plus sinistre. Cependant plusieurs ouvriers se sont distingués dans la fabrication de ces objets de croque-mort, dignes d'un *Musée des pompes funèbres.* Ils se nommaient Balthazar Permoser, Krabensberger et Simon Troger, auteur d'un *Sacrifice d'Abraham* estimé.

A la fin du XVIIIe siècle, il ne restait plus à Dieppe qu'un nombre très-restreint d'ivoiriers, derniers débris de cette profession jadis si florissante, lorsqu'en 1816, à la grande surprise des Dieppois, ils virent les Anglais s'enthousiasmer pour leurs petits chefs-d'œuvre depuis longtemps dédaignés. Bientôt, par ce nouveau caprice de la Fortune, il n'y eut plus assez d'ouvriers ivoiriers à Dieppe pour satisfaire à toutes les demandes. C'est alors qu'on se mit à reproduire les ouvrages des anciens artistes dieppois, tels que les crucifix de Crucvolle père et fils, ainsi que les rondes-bosses de Belleteste, dont le *Musée du Louvre* possède deux bas-reliefs représentant des sujets tirés des Églogues de Virgile.

Cette Renaissance nous a valu un grand nombre de statuettes exécutées par l'ivoirier Meugniot, mort en 1842. On connaît, de ce dernier, une admirable *Étude de vieillard mourant*, provenant de la *Collection Révoil*, acquise par le Louvre (n° 901). Il est vu à mi-corps, assis sur un fauteuil. Ou lit au bas : MEUGNIOT, Dieppe, 1829. « C'est une étude vive et presque effrayante de la maladie et de la vieillesse, » dit à ce sujet M. de Chennevières. « Le modelé des chairs défaites du visage et des sillons du cou, la maigreur de la main droite qui sort de la robe de chambre à plis amples et à draperies épaisses, le sentiment de la tête, tout cela est d'un rendu à la fois serré et presque puissant, qui fait de ce morceau d'ivoire une œuvre vraiment digne d'un musée. »

Enfin, en 1831, M. Desrieux, graveur à la Banque de France, livrait pour la première fois au commerce parisien des portraits sur ivoire, exécutés à l'aide du tour à portraits, procédé qui donna l'idée des réductions de M. Achille Colas. Il est bon de dire, toutefois, que l'invention des portraits gravés sur ivoire, tentative renouvelée du moyen âge, remonte à 1717, et est due, selon M. Jules Labarte, à Giovanni Pozzo, graveur en médailles à Rome. Quoi qu'il en soit, ces premiers médaillons furent ceux de Jean-Jacques Rousseau et de Chateaubriand, Walter Scott et Henri IV, Napoléon Ier et le comte de Chambord enfant. M. Desrieux eut pour imitateur un nommé Naudin.

De nos jours, les ivoiriers sont fort nombreux en France. Lors de l'Exposition de 1834, plusieurs ouvriers dieppois vinrent s'établir à Paris et y formèrent de bons élèves, parmi lesquels se distingua principalement Hœnique, qui, à force de travail et de lutte, parvint à exposer un très-beau Christ en ivoire au Salon de 1841 ou 1842. Parmi ses rivaux, M. Dournès, de Toulouse, fort connu et aimé de tous les antiquaires, s'est fait une réputation comme sculpteur et comme réparateur d'ivoires anciens. Il est l'auteur d'un faux *Charlemagne*, qui, après avoir trompé les yeux les plus experts, fut, dit-on, acheté en 1860 pour un de nos Musées.

Mais si la plupart des collections européennes renferment des ivoires d'une authenticité plus que douteuse, il existe des objets usuels de même matière, fort curieux à cause des souvenirs historiques qui s'y rattachent. Ainsi, l'on voit au *Musée d'Auxonne* (Côte-d'Or) deux fiches de jeu en ivoire, sur lesquelles Bonaparte, alors simple lieutenant, écrivit familièrement le mot *Manesca*, prénom à tournure romanesque d'une demoiselle Pillet, fille d'un marchand de bois, pour laquelle il semble avoir eu de l'amitié, et qu'il eut un moment la pensée d'épouser. Ces deux objets, ainsi qu'un portefeuille en soie et une pelotte à épingles donnés par le futur empereur à une certaine madame Naudin et à une certaine madame Pilon, ont été cédés au Musée par M. Claude Pichard, ancien maire d'Auxonne.

Actuellement, le travail de l'ivoire se fait concuremment à Dieppe et dans le département de l'Oise. Les villages du Déluge, d'Andeville, de Crèvecœur, de Méru, et principalement Sainte-Geneviève, s'adonnent, en effet, depuis le XVIe siecle, à la fabrication d'objets de toute sorte en os et en ivoire, notamment des éventails. Les ouvriers qui créèrent cette industrie ne sont pas tous tombés dans l'oubli : James et Raymond, Devarenne et Prevost, les Lesieur, les frères Fleury, les Duval, les Michel, etc., etc., ont laissé une réputation comme sculpteurs, mais surtout comme découpeurs d'éventails à jour imitant la dentelle, rivalisant ainsi avec les patients ouvriers chinois, dont Rivière et Lerosier firent les premiers connaître les procédés qu'ils allèrent étudier *de visu*.

M. Alphonse Baude, de Sainte-Geneviève, surpasse aujourd'hui ses devanciers par des produits véritablement hors ligne. Il est l'inventeur du découpage à jour ou grillage mécanique, adopté depuis 1859 par tous les fabricants de l'Oise. Grâce à son appareil, nos industriels exécutent des montures supérieures à la découpure riche et qui rivalisent avantageusement avec les produits de la Chine. « C'est ainsi, dit M. L. N. Barbier, dans son intéressante *Esquisse historique sur l'ivoirerie*, que bien des éventails fabriqués en France, particulièrement dans le département de l'Oise et à Paris, sont vendus comme ouvrages provenant de l'Empire du Milieu ; mais un œil exercé les reconnaît tout de suite comme d'une provenance nationale.

En effet, l'habileté des Chinois dans les travaux de ce genre est connue ; ils furent les premiers (avec les Indous) qui travaillèrent l'ivoire (« C'est pour l'ivoire qu'on chasse l'éléphant, » disait le philosophe Confucius, six cents ans avant notre ère), et depuis plusieurs siècles ils sont arrivés à un degré de perfection qu'ils conservent, mais qu'ils ne sauraient dépasser. « Légèreté, régularité, finesse d'exécution, élégance des formes, originalité des dessins, disent MM. Ed. Renard et N. Rondot, dans leur remarquable travail sur la tabletterie et la mercerie chinoises, tous les mérites se trouvent réunis dans les articles qui sortent de leurs mains; mais il faut ajouter qu'aujourd'hui les Chinois ne savent faire que leurs éternelles chinoiseries, qu'ils n'imaginent aucun effet nouveau, et qu'ils ne peuvent exécuter d'autres ornements qu'en ayant un modèle sous les yeux. »

Les tabletiers chinois débitent eux-mêmes ou font débiter sous leurs yeux les défenses; ils dessinent, au pinceau et à l'encre de Chine, les sujets qu'ils veulent faire exécuter, et les remettent à des ouvriers qui les rapportent après les avoir sculptés. C'est à Canton que l'industrie des objets en ivoire a le plus d'importance; nulle part en Chine on ne fouille et on ne travaille l'ivoire avec plus de délicatesse et d'intelligence. Les pagodes à neuf étages, les jonques, les corbeilles, les couteaux à papier, les peignes, les coffrets, les jeux d'échecs et les éventails les plus riches sortent tous de petits ateliers situés dans les faubourgs de la ville.

Quant à la fabrication des boules sphériques d'ivoire, qui ont si longtemps excité la surprise des Européens par le nombre de boules qu'elles contiennent intérieurement, elle est très-simple, dit M. Natalis Rondot, dans une note sur la fabrication de la tabletterie de laque et d'ivoire à Canton, insérée dans le *Journal Asiatique :* « Voici, dit-il, comment s'effectue ce travail : l'ouvrier choisit, dans la défense, l'endroit où se termine la cavité naturelle, et, prenant ce point pour centre, il taille et tourne une bille du diamètre de 8 à 9 centimètres. Il creuse dans cette boule quatorze trous coniques, espacés également et convergeant tous au centre ; puis, sur les parois de ces ouvertures coniques, il trace au pinceau autant de cercles qu'il veut obtenir de boules. Il commence alors, avec une espèce de burin à ciseau cintré, par détacher la boule la plus petite, c'est-à-dire celle du centre, il l'évide et la sculpte aussitôt en en présentant les surfaces à chacune des ouvertures (1). Il s'occupe ensuite de dégager la deuxième boule, puis successive-

(1) A chaque boule, il faut faire un nouvel emmandrinage, qui permette de rendre les autres boules immobiles.

ment les autres enveloppées, et arrive, en continuant de la même manière, jusqu'à la dernière. On conçoit que l'on puisse ainsi former, rendre mobiles et sculpter autant de boules que l'on a tracé de cercles ; et quant aux difficultés de la ciselure, elles sont surmontées par l'habileté patiente du Chinois.

« Pour une boule sculptée qui contient de dix-huit à vingt autres boules, les tabletiers chinois payent 15 piastres (82 francs) de façon, et l'ouvrier passe ordinairement trois mois pour exécuter une telle pièce. Le nombre le plus considérable de boules intérieures que l'on ait obtenu jusqu'ici est de vingt-quatre : la grosseur limitée des défenses ne permet pas d'en débiter un plus grand nombre. »

Nous ne pouvons terminer ce paragraphe sans accorder quelques lignes aux ivoires japonais. La plupart de ces ivoires, nous apprend M. le colonel d'état-major Du Pin, dans son livre sur *le Japon*, sont sculptés depuis des centaines, des milliers d'années, ainsi qu'on peut s'en rendre compte à leur couleur inimitable de vétusté, que seul donne le temps, et aux dates qui y sont gravées. « Ces ivoires représentent des groupes ayant depuis

4 jusqu'à 10 et 12 centimètres de hauteur. Les personnages sont bien posés, l'expression de leur physionomie est étudiée avec soin et généralement réussie d'une façon originale. La caricature, résultant d'une étude fixe et intelligente des travers humains, y est reproduite souvent sous des formes très-variées; presque jamais elle ne descend jusqu'au grotesque, qu'on remarque si souvent dans les dessins chinois. »

Mais revenons en France, et laissons M. Vitet, dans son intéressante *Histoire de Dieppe*, expliquer lui-même les causes de la décadence de l'art dieppois. « Le bombardement de 1694 porta un coup fatal à l'industrie des ivoiriers, et la mode des porcelaines et des magots de la Chine, qui devint bientôt générale, acheva de la ruiner. Depuis le règne de Louis XV jusqu'en 1816 environ (date du retour de faveur de cet art par les touristes anglais et les baigneurs de Paris), le débit de ces sortes d'ouvrages, qui jadis était immense, ne fit que décroître et finit par se réduire à rien..... Cet interrègne d'un siècle a rompu les traditions. On sculpte encore très-bien l'ivoire aujourd'hui, mais ce n'est plus l'ancien travail dieppois. Le style du XVIIe siècle, lequel n'était déjà probablement qu'une décadence de celui du XVIe, a quelque chose de plus abandonné, de plus franc, de plus hardi que le travail des sculpteurs actuels. On fouillait davantage l'ivoire, on le dentelait d'une manière plus capricieuse, plus à la façon des Chinois. Je doute que jamais, dans le genre sévère et correct, on ait fait à Dieppe de belles compositions, de ces délicieuses figures qui font la gloire des ouvriers flamands et italiens; mais pour tous les ouvrages de fantaisie on y travaillait en perfection. J'ai vu des navettes, des bonbonnières et autres bagatelles sculptées à jour, non pas même à la belle époque, mais il y a cent ans environ; le caractère en est tout particulier, et l'on ne possède plus le secret de faire ainsi : aujourd'hui ces mêmes dentelles auraient quelque chose de plus régulier, de plus raide, de plus mécanique pour ainsi dire.... »

M. Vitet cite en même temps, parmi les artistes ivoiriers dieppois contemporains de son livre (1833), MM. Blard père, Flammand et Thomas. Depuis, les noms de Graillon, Bignard, Blard fils, Brunel, Carpentier, Delahayes, Depoilly, Heu, Ouin, Ouvrier, Sac-Épée, Saillot, Thomas fils et Collette, ont prouvé, à l'Exposition universelle de 1855, que le secret de modeler l'ivoire ne se perdra pas de sitôt à Dieppe. Espérons que leurs élèves, dont on a pu apprécier les ouvrages à l'Exposition universelle de 1867, s'inspirant désormais des artistes ivoiriers des grandes époques, relèveront enfin la toreutique dieppoise du niveau inférieur qu'elle occupe encore aujourd'hui. Déjà, à plusieurs reprises, l'impulsion a été donnée par différents sculpteurs, entre autres Simart, dont la reproduction chryséléphantine de la Minerve du Parthénon exécutée par lui en 1855, pour le duc de Luynes, a été fort admirée. Pradier, qui s'est également occupé des ressources que notre élégante statuaire pourrait emprunter aux travaux chryséléphantins, a exécuté des statuettes d'ivoire, achevées par ses élèves, on ne peut plus gracieuses. Enhardi par l'exemple du maître, — car beaucoup de statuaires croiraient déroger en travaillant une autre matière que le marbre ou le bronze, — M. Auguste Barre ne dédaigna pas de signer une charmante statuette de Rachel, dans son rôle d'Hermione, ainsi qu'une petite figure en pied du duc d'Orléans, toutes deux en ivoire. Enfin les amateurs d'art se souviennent encore des remarquables travaux de M. Moreau-Vauthier (Augustin), entre autres le splendide vase en ivoire exposé par lui en 1855 et en 1867. Cet objet d'art, unique dans son genre, qui excita l'admiration de nos meilleurs ivoiriers, est devenu la propriété de M. le docteur Beugnot, ainsi qu'un beau retable représentant les trois vertus théologales, par le même artiste. M. Moreau-Vauthier est également l'auteur du magnifique coffret de mariage de madame la baronne Alphonse de Rothschild, lequel porte sculptée en relief la devise de sa famille : *Industria*, *Concordia*, *Integritas.*

Si, par la nature de son talent et de ses travaux, quelqu'un a eu dans ces derniers temps une influence heureuse sur la sculpture en ivoire, c'est assurément M. Moreau-Vauthier. Comme nous l'avons déjà fait remarquer, les produits actuels de l'industrie dieppoise se reconnaissent à des formes maigres et aigres, à des mouvements sans caractère, à une taille précise et sèche, qui donnent aux contours une dureté blessante pour la vue. C'est contre ces défauts que M. Moreau-Vauthier tenta de réagir. Non-seulement il aida de ses conseils plusieurs ivoiriers dieppois, mais il forma lui-même d'excellents élèves, qu'il initia dans tous les secrets de l'art. Tels sont aujourd'hui MM. Brisevin et Scailliet, sculpteurs ivoiriers de talent, dont nous sommes heureux de citer les noms. Au moment où nous écrivons ces lignes, M. Scailliet expose au Salon une jolie statuette de Phryné, ivoire et argent, appartenant à M. Joubert. Nous applaudissons à cette résurrection de la sculpture polychrôme.

Mais, dira-t-on, le mélange de l'or et de l'ivoire est-il un mélange heureux? Serait-il désirable que d'autres essais de ce genre fussent tentés? « Je le crois, » répond à ce sujet M. Alphonse de Calonne, dans sa remarquable étude sur *la Minerve de Phidias restituée d'après les textes et les monuments figurés, par Simart ;* « l'ivoire n'a pas le froid aspect du marbre, il possède des tons d'une exquise finesse, et ses ombres sont toujours transparentes. Seulement il est difficile à manier, beaucoup plus difficile et plus rebelle que le marbre, et il serait à désirer que l'on retrouvât le procédé par lequel les anciens le rendaient malléable comme de la cire. Alors disparaîtrait sans doute cette raideur dans les plans dont il est impossible de s'affranchir complétement dans l'état actuel des procédés d'exécution. »

Que les artistes dieppois ne se laissent donc pas plus longtemps entraîner par le mercantilisme actuel, qui tue l'imagination et rabaisse l'art au niveau du métier. Tous les ans, au Salon, la lice est ouverte. Les concurrents n'ont qu'à se présenter : des palmes et des applaudissements y attendent les vainqueurs !

FIN.

INDEX

A

ACADÉMIE DES ÉVENTAILS en Angleterre, 108.
ADDISON. Remarque sur l'usage de l'éventail, *Ibid.*
AGUADO (Vicomtesse O.). Éventails cités, 111, 196.
ALESSANDRI. Innovateur dans l'art de dérouler l'ivoire, 250.
ALEXANDRE. Éventailliste moderne ; créateur de l'éventail artistique, 180, 181.
ALOUISE VAN DE WOORDE. Éventailliste moderne, 183.
ANDRÉ (Ed.). Éventail cité, 142.
ANDRIOLI. Innovateur dans la fabrication des objets en écaille, 214.
ANGUIER (Michel). Ivoirier célèbre du 18e siècle, 277.
APOLOGIE DE L'ÉVENTAIL, par madame de Staël-Holstein, 108.
ARLEQUIN ET PIERROT. Éventail peint par Gavarni (Collect. de madame la comtesse de Nadaillac), 193.
ARMAILLÉ (Comte d'). Objets d'art cités, 211.
— (Comtesse d'). Éventails cités, 144, 197.
ARTHUR. Éventailliste de la première Révolution, 146.
AUTOGRAPHES sur les éventails, en Chine, 21.

B

BACKUYSEN. Graveur sur nacre (17e siècle), 225.
BADIN. Nom du ruban qui pendait à l'éventail (17e siècle), 90.
BALANTINE. Sac à ouvrage substitué à l'éventail pendant le Directoire, 161.
BALZAC (Honoré de). Sur l'éventail de Marie-Antoinette, 136.
BARBIER (L.N.). Ivoirier moderne. Ouvrage cité, 175, 297.
BARRE (Aug.). Auteur de deux statuettes en ivoire de Rachel et du duc d'Orléans, 303.
BASTARD (Comte de). Cité, 238.
BASTARD-LANOY. Sculpteur et graveur en éventails, nacre et ivoire, 188, 233.
BAUDE (Alph.). Découpeur en éventails, 188.
— Ivoirier habile et inventeur du découpage à jour, 297.
BAUR. Éventail cité, 145.

BAUR. Objet d'art cité, 223.
BAZILEWSKI. Objets d'art cités, 264.
BEAUSSIER (Comtesse de). Éventails cités, 84, 85, 111, 113, 197.
BEAUVEAU (Prince de). Objets d'art cités, 211.
BELLETESTE. Ivoirier célèbre du 18ᵉ siècle, 289.
BELLIER DE LA CHAVIGNERIE (Mᵐᵉ). Éventail cité, 142.
BENTABOLE. Amateur d'éventails orientaux sous Louis XV, 106.
BERTHELOT HÉLIOT. Ivoirier de Philippe le Hardi, 271.
BEUGNOT (Dʳ). Objets d'art cités, 304.
BEZANÇONNOT (Mᵐᵉ). Éventail cité, 145.
BIENAYMÉ. Ivoirier célèbre du 18ᵉ siècle, 289.
BIGNARD. Ivoirier dieppois moderne, 303.
BLARD père. *Ibid.*, 289, 302.
— fils. *Ibid.* 302.
BOIS D'ÉVENTAIL. Leur fabrication au 18ᵉ siècle, 140.
— Leur sculpture, 144.
BON MARCHÉ des éventails chinois, 185.
BOUCHER. A laissé des dessins pour éventails, 118.
— Éventails qui lui sont attribués, 115, 119, 120, 121, 138.
BOULE. Ses meubles en marqueterie d'écaille ; leur perfection, 211.
BOURBAKI (Mᵐᵉ). Éventails cités, 197.
BOSQUET DE LUZARCHES. Éventail cité, 136.
BOSSUIT (Francis van). Ivoirier célèbre du 17ᵉ siècle, 279.
BRISEVIN. Sculpteur moderne sur ivoire, 305.
BRUNEL. Ivoirier dieppois moderne, 302.
BUINOT (Aug.). Éventailliste moderne, 184.
BURGAU. Sorte de nacre ; son emploi, 232.
— A servi pour orner le berceau de Napoléon II, 232.
— Sa nature, 233.
BURGAUDINE. Coquille du burgau, 229.
BURTY (Ph.). Éventail cité, 30, 31, 32.
— Texte cité, 33 et suiv., 45.
BUZENVAL (Comte de). Objet d'art cité, 211.

C

CALONNE (Alph. de). Cité, 305.
CANEPIN. Épiderme de peau d'agneau ou de chevreau, employé pour les feuilles d'éventail (17ᵉ siècle), 78; 92.
CANNES-ÉVENTAIL, 179.

CANO DE AREVALO. Peintre espagnol, célèbre par ses feuilles d'éventail (17e siècle). Anecdote, 76.
CARACCIOLI. Fait l'éloge des éventails (18e siècle), 110.
CARPENTIER. Ivoirier dieppois moderne, 302.
CARRA DE VAUX. Éventail cité, 191.
CHAILLOUX (Mme). *Ibid.*, 193.
CHALLAMEL (Augustin). Cité, 155.
CHAMARA. Nom indou de l'éventail, 7.
CHAMBRUN (Comtesse de). Éventails cités, 97, 99, 111, 113, 127, 128, 138, 139, 197.
CHAMPAIGNE (Philippe de). Éventail qui lui est attribué (Collect. de Mme la Comtesse de Dudley), 84.
CHARLOTTE CORDAY. A tué Marat en tenant d'une main son éventail, 152, 153.
— son nom véritable est Charlotte de Corday, *Ibid.*
CHASSE-MOUCHES indous, attributs de la royauté, 8, 9.
— Modernes de l'Indoustan, 10.
— Des Assyriens, 40.
— Des Mèdes et des Perses, 41, 42.
— Des anciens Mexicains, 45 et suiv.
— Des Romains, 56.
CHENNEVIÈRES (Ph. de). Cité, 226, 275, 286, 294.
CHRISTINE DE SUÈDE. Sa réponse impertinente aux dames de la Cour de Louis XIV, à propos de la mode des éventails, 82.
COCO. Ouvrages sculptés sur cette matière par le célèbre ivoirier Guillermin, 281.
— Très-recherché par l'industrie dieppoise, au 18e siècle, 292.
COINTRE. Ivoirier du 18e siècle, 289.
COLLECTION D'ÉVENTAILS des Cours Louis XIV, Louis XV et Louis XVI. Son origine, 182.
COLLETTE. Ivoirier dieppois moderne, 303.
CORBLET (Abbé). Cité, 262.
CORNE DE NARVAL, 239.
CORNE DE NARVAL. Objet de superstition, 239.
— Sculptée en relief, *Ibid.*
CORNE DE RHINOCÉROS. Qualités physiques que lui attribuent les Indous et les Chinois, 239, 240.
— Plusieurs sont envoyées à Louis XIV par le roi de Siam, 240.
CORNÉLIE MONTRANT SES BIJOUX. Éventail italien premier Empire (Collect. de Mme la Comtesse de Shaftesbury), 169.

Croqueloix. Ivoirier célèbre du 18e siècle, 289.
Crucvolle, père et fils. Ivoiriers célèbres du 18e siècle, *Ibid.*
Czartoriska (Princesse). Éventails cités, 110.

D

Dacier (Mme). Représentée sur un éventail satirique du 17e siècle, 102.
Dailly. Ivoirier célèbre du 18e siècle, 289.
Delahayes. Ivoirier dieppois moderne, 302.
Delaville Le Roulx. Éventail cité, 86 et suiv.
Denis (Ferdinand). Cité, 273.
Dents d'éléphant, 234.
— Leurs proportions volumineuses, 234, 235.
Dents d'hippopotame, 237.
Dents de morse, 237.
— Ancienneté de quelques objets d'art sculptés sur cette substance, 237, 238.
Depoilly. Ivoirier dieppois moderne, 302.
Desrieux. Ivoirier moderne, auteur des premiers portraits sculptés en médaillons sur ivoire, 294.
Desrochers. Ses recherches pour améliorer la fabrication des feuilles d'éventail, 92.
— Rénovateur de l'éventail en France, 173.
Dessins d'éventails, par Boucher (18e siècle), 118.
— Par Lafage (17e siècle), *Ibid.*
— Par Stella, *Ibid.*
— Par Watteau (18e siècle), *Ibid.*
Diderot. Compare des tableaux trop achevés à des peintures d'éventails, 117.
Dieppe. Centre actuel de l'ivoirerie d'art, 296.
Double (Léopold). Objets d'art cités, 209.
Dourain fils. Sculpteur en éventails, 188.
Dournès. Ivoirier moderne, 295.
Drevon. Chimiste. Aide l'éventailliste Desrochers dans ses recherches relatives à la préparation des peaux ou feuilles d'éventail, 92.
Du Sommerard (Mme et Mlles). Éventails cités, 197.
Dubois (Mme). Éventail cité, 143.
Dubois-Davesnes (Mlle). Peintre d'éventails, 194.
Duchatel (Comtesse). Éventails cités, 100, 110, 197.
Dudley (Comtesse de). Éventail cité, 84.

Dupont-Auberville. Objet d'art cité, 71.
Duportail (Abbé). Épigramme sur lui (18e siècle), 110.
Duquesnoy (François), dit François Flamand. Ivoirier célèbre du 17e siècle, 278.
Durand. Habile sculpteur sur nacre (18e siècle), 227.
— (Julien). Cité, 262.
Duvelleroy. Éventailliste moderne, 183.

E

Écaille. Éventail de Ninon de l'Enclos, fait de cette substance (Collect. de Mme la comtesse de Chambrun), 96.
— Sert encore pour les montures d'éventails, 167, 213.
— Sa nature, 201.
— Ses diverses-provenances, 201, 214.
— Les Grecs la font servir les premiers pour la fabrication des instruments de musique, 203.
— D'où les Grecs et les Romains la tiraient, 203, 204.
— Était employée à Rome pour les incrustations, 204. De même en Grèce, 205.
— Servait également à orner les plateaux et les lits de table, 204, 205.
— Apportée à Rome en quantité extraordinaire, 206. Opinion des auteurs chinois à ce sujet, *Ibid.*
— Son usage au moyen âge, 207.
— Chez les anciens Mexicains, *Ibid.* Servait dans ce pays à faire des vases, *Ibid.*
— Cithare incrustée avec cette substance (Collect. de M. Achille Jubinal), 208.
— Son apparition à Lisbonne au 16e siècle, *Ibid.*
— Est bientôt travaillée par les Français, *Ibid.*
— Employée au 17e et au 18e siècle pour la fabrication des bonbonnières (Collect. de M. Léopold Double), 209; des brosses à moustaches et des flûtes (Collect. de M. Achille Jubinal), *Ibid.*; des peignes de luxe, *Ibid.*; des tabatières, 210.
— (Peigne historique en). Collect. de M. Achille Jubinal, 209.
— (Boîte à fard en), ayant appartenu à madame Du Barry (Collect. de M. Vatel), 210.
— Servit à incruster les meubles d'art du cardinal Mazarin, *Ibid.*
— Était travaillée admirablement au 18e siècle, *Ibid.*
— L'ébéniste Boule la fait entrer dans la marqueterie, 211.

ÉCAILLE. Son emploi dans la marqueterie moderne, dans la fabrication des peignes de luxe, etc., 212, 213.
— FAUSSE. Sa nature, 212.
— Sa fabrication, 213.
— La naturelle est plus légère, *Ibid.*
— ROUGE, 212, 214.
— Ses différentes espèces, 213.
— D'AMÉRIQUE, 214.
— D'ÉGYPTE, *Ibid.*
— JAUNE, *Ibid.*
— On en compte plusieurs sortes, *Ibid.*
— De basse qualité appelée *caouane*, *Ibid.*
— BLONDE, 215.
— BRUNE, *Ibid.*
— Ouvrages orientaux faits de cette matière, *Ibid.*
— Sa fabrication actuelle, *Ibid.*
— (Bijouterie d'), *Ibid.*
— Ce qu'arrivent à en faire les Chinois, *Ibid.*
— (Industrie moderne de l'), *Ibid.*
— (Tabatières en) de Napoléon Ier, *Ibid.*
— (Tabletterie d'), *Ibid.*
ÉCRANS. Éventails primitifs en Chine, 15; en Égypte, 37, 38.
— A long manche, en usage en France au 14e siècle, 65.
— Ronds garnis de plumes, usités en Espagne au 15e siècle, 65; apportés d'Italie en France au 16e par Catherine de Médicis, 68.
ÉLISABETH, reine d'Angleterre, protectrice des éventails, 73, 74.
ÉLOGE DES ÉVENTAILS, par Gay, 1, 107.
— Par Caraccioli, 110.
ENLÈVEMENT DES SABINES (L'). Éventail Louis XIV signé Romanelli (Collect. de Mme Achille Jubinal), 100, 101.
ENTOMOLOGISTE (Un). Éventail peint par Hamon (Collect. de Mme la comtesse de Granville), 193.
ENTREVUE D'ALEXANDRE ET DE PORUS. Éventail de Marie-Antoinette (Collect. de M. Eug. de Thiac), 132, 133, 134.
ESMOUCHOIR. Nom de l'éventail au moyen âge, 63.
— De la reine Clémence (14e siècle), *Ibid.*
— De la reine Jehanne d'Évreux (14e siècle), *Ibid.*
— De la comtesse Mahaut d'Artois (14e siècle), *Ibid.*
— Du roi Charles V (14e siècle), 64, 65.
EUGÉNIE (Impératrice). Éventails cités, 193.

ÉVENTAIL (Poëme de l'), par Gay, 1, 167 ; par Milon, 165.
— D'après les poëmes sanskrits, 2, 3.
— INDOU en forme de feuille, 4.
— en plumes de paon, 4, 6.
— en sparterie, 7.
— en Chine; son usage, 19.
— CHINOIS devenu historique, appartenant à Mme Ville de Sardelys, 25.
— provenant du palais d'Été (Collect. de M. Ph. de St-Albin, 27, 29.
— au Japon ; son usage, 27.
— JAPONAIS, appartenant à M. Fr. Villot, 30.
— — en fer ciselé (Collect. de M. Ph. Burty), 30, 31, 32.
— Son emblème dans la cosmogonie égyptienne, 36.
— de la reine d'Égypte, Aah-Hotep, 38.
— ASSYRIEN en feuilles de palmier, 40.
— chez les Arabes, 42.
— du dey d'Alger, 44.
— des anciens Mexicains, 46.
— D'origine grecque, selon le poëte anglais Jennyns, 48.
— grec en plumes de paon, 51.
— étrusque, d'après un vase peint, 53.
— GAULOIS, 62.
— Nom qu'il portait au 13e siècle, 63.
— en paille de riz (15e siècle), 64.
— de la reine Éléonore (16e siècle), 66.
— de la reine Louise de Lorraine (16e siècle), 67.
— Origine de ce mot, 66, 67.
— EN PIQUE (16e siècle), 67.
— A QUATRE BRANCHES, du temps de François Ier (Collect. de feu le comte Horace de Vieil-Castel), 67, 68.
— FACÉTIEUX (16e siècle), 67.
— ROND PLISSÉ, abandonné en France au 16e siècle, 67 ; repris au 18e, 107.
— d'Élisabeth d'Autriche, femme de Charles IX, 68.
— de Henri III, 69.
— A TOUFFE (Italie, 16e siècle), 70.
— DE PLUMES (Venise, 16e siècle), appartenant à madame Achille Jubinal, 70.
— de Ferrare (16e siècle), 71.
— de fiancée (Italie, 16e siècle), appartenant à madame Achille Jubinal, 72.

ÉVENTAIL de la femme du Titien, *Ibid.*
— des femmes mariées (Italie, 16e siècle), *Ibid.*
— EN FORME DE DRAPEAU, *Ibid.*
— GIROUETTE, *Ibid.*
— ESPAGNOL (17e siècle), appartenant à Lady Lindsay, 77.
— LOUIS XIII (Collect. de madame Achille Jubinal), 79, 80.
— D'ÉGLISE, attribué à Philippe de Champaigne, appartenant à madame la comtesse de Dudley, 84.
— LOUIS XIV (Collect. de S. M. la reine Victoria), *Ibid.*
— LOUIS XIV, attribué à Charles Lebrun (Collect. de madame Heine), 84.
— LOUIS XIV (Collect. de madame la comtesse de Beaussier), 84, 85.
— LOUIS XIV, attribué à Lemoine, appartenant à M. Delaville Le Roulx, 84, 85, 86, 87.
— avec ornements peints, appliqués sur tulle (17e siècle), 90.
— ALLEMAND (17e siècle) (Collect. de madame la comtesse de Paris), 90, 91.
— Dénomination des différentes parties qui le composent, 95.
— A JOUR (17e siècle) (Collect. de madame Achille Jubinal), 96.
— DE NINON DE L'ENCLOS (Collect. de madame la comtesse de Chambrun), 96, 97, 99.
— DE MADAME DE SÉVIGNÉ (Collect. de madame la comtese Duchâtel), 100.
— LOUIS XIV, représentant le Jugement de Pâris (Collect. de madame Riant), *Ibid.*
— LOUIS XIV, signé Romanelli, représentant l'*Enlèvement des Sabines* (Collect. de madame Achille Jubinal), 100, 101.
— SATIRIQUE, attribué au miniaturiste hollandais Klingstet (17e s.) (Collect. de M. Ph. de Saint-Albin), 102.
— LOUIS XIV, représentant l'Apothéose de mademoiselle de la Vallière, 103.
— ALLEMAND (18e siècle) (Collect. de S. M. la reine Victoria), 105.
— PLISSÉ. Sa construction en France au 18e siècle, 107.
— EN CORBEILLE (18e siècle) (Collect. de Mme Achille Jubinal), 111.
— attribué à Huet (18e siècle), 113.
— attribué à Boucher (Collect. de M. le docteur Piogey), 115, 119, 120, 121.
— attribué à Watteau, 119.
— DE LA MARQUISE DE POMPADOUR (Collect. de madame Achille Jubinal), 122, 123.

ÉVENTAIL attribué à la Rosalba, représentant le Jugement de Pâris (Collect. de M. Ph. de Saint-Albin), 125, 126.
— (Le Baiser et l'), couplets du 18e siècle, 126.
— Louis XV en or massif, de la Collect. Soltykoff, 126, 128.
— Louis XVI (Coll. de madame la comtesse de Chambrun), 127, 128.
— Louis XVI (*Orphée jouant de la lyre devant Eurydice*) appartenant à madame Louis Lunois, 128.
— fait à l'occasion du mariage de Marie-Antoinette, 130.
— ANGLAIS, style Louis XVI (Collect. de la feue baronne Mayer de Rothschild), 131.
— DE MARIE-ANTOINETTE, en ivoire découpé à jour, représentant l'Entrevue d'Alexandre et de Porus (Collect. de M. Eug. de Thiac), 132, 133, 134, 135.
— DE MARIE-ANTOINETTE, en ivoire sculpté (Collect. de M. Bosquet de Luzarches), 136.
— DE MARIE-ANTOINETTE, aux armes de France (Collect. de madame la baronne Gustave de Rothschild), *Ibid.*
— DE MARIE-ANTOINETTE, conservé au musée du Louvre, *Ibid.*
— DE MARIE-ANTOINETTE, appartenant à madame la baronne de Pages, 137.
— A CABRIOLET OU A GALERIE (18e siècle) (Collect. de madame la comtesse de Chambrun), 138, 139.
— SATIRIQUE (18e siècle), 139.
— Louis XVI, appartenant à madame Bellier de la Chavignerie, 142.
— Louis XVI, appartenant à M. Ed. André, *Ibid.*
— Louis XVI, appartenant à M. Perrot, *Ibid.*
— (Monture d') en ivoire sculpté du 18e siècle, appartenant à madame Dubois, 143.
— avec monture en nacre sculptée du 18e siècle (Collection de madame la comtesse d'Armaillé), 144.
— DE LA PREMIÈRE RÉVOLUTION, représentant l'Assemblée des états généraux en 1789 (Collect. de S. M. la reine Victoria), 145.
— DE LA PREMIÈRE RÉVOLUTION (même sujet), appartenant à M. Baur, *Ibid.*
— DE LA PREMIÈRE RÉVOLUTION, représentant la Pompe funèbre du clergé de France, en 1789, appartenant à Mme Bezançonnot, *Ibid.*
— DE LA PREMIÈRE RÉVOLUTION, représentant Mirabeau (Collect. de M. Ph. de Saint-Albin), 145, 146, 147.
— DE LA PREMIÈRE RÉVOLUTION, représentant Louis XVI et Necker (Collect. de M. le comte de Liesville), 148.

ÉVENTAIL DE CHARLOTTE CORDAY, 152, 153.
— Son rôle au Bal des Victimes, sous la première Révolution, 155 ; au Petit Coblentz, 156.
— DES RENTIERS (Directoire) (Collect. de M. le comte de Liesville), 158 ; sa signification, *Ibid.*
— (Le ridicule substitué à l'), 161.
— DE MADAME TALLIEN, représentant une *Fête de l'agriculture sous le Directoire*, 162, 163.
— (Poëme de l'), par Milon, 165.
— DU CONSULAT, représentant Bonaparte premier Consul (Collect. de M. le comte de Liesville), 166.
— (Apologie de l'), par madame de Staël, 168.
— ITALIEN PREMIER EMPIRE (*Cornélie montrant ses bijoux*), appartenant à madame la comtesse de Shaftesbury, 169.
— ITALIEN PREMIER EMPIRE (Coll. de M. Ph. de Saint-Albin), 170, 171.
— Sa renaissance sous la Restauration, 173, 177.
— EN PLUMES, tiré du quadrille de Marie-Stuart, dansé à la Cour sous la Restauration, 174.
— POCHETTE (Collect. de madame Achille Jubinal), 179.
— DE MARIAGE de madame la comtesse de Paris, peint par Eugène Lami, 183.
— MODERNE (Luxe et bon goût de l'), 189.
— peint par Antigna, 190.
— par Ballue, *Ibid.*
— par H. Baron, *Ibid.*
— par Ed. de Beaumont, *Ibid.*
— par Faustin Besson, *Ibid.*
— par Léon Coignet, *Ibid.*
— par Diaz, *Ibid.*
— par Français, Vidal et Ed. Moreau, *Ibid.*
— par Gendron, *Ibid.*
— par Gérôme, *Ibid.*
— par Ingres, *Ibid.*
— par Ed. Moreau, *Ibid.*
— par Célestin Nanteuil, *Ibid.*
— par Plassan, *Ibid.*
— par Picou, *Ibid.*
— par Robert Fleury, *Ibid.*
— par Trayer, *Ibid.*
— par Horace Vernet, *Ibid.*

ÉVENTAIL par Émile Wattier, *Ibid.*
— par Weyrassat, *Ibid.*
— MODERNE. *Quartier des gardes de M. Cupidon* (Collect. de M. Carra de Vaux), 191.
— peint par Eugène Lami, 183, 192.
— A FLEURS, peint par Reignier (Collect. de madame Achille Jubinal), 192.
— peint par Hamon, 193.
— par Hédouin, *Ibid.*
— par Camille Roqueplan, pour le mariage de la duchesse d'Orléans (Collect. de madame la comtesse de Paris), *Ibid.*
— par Sauvage, appartenant à madame Chailloux, *Ibid.*
— par la princesse Mathilde, 194.
— par la comtesse de Nadaillac, 195.
— par le prince de Reuss, *Ibid.*
— DE MARIAGE en nacre sculptée (18e siècle) (Collect. de madame Achille Jubinal), 233.
— en burgau, 234.
— indou en ivoire, 242.
ÉVENTAILLERIE (L') en 1830, dans le département de l'Oise, 175.
— de nos jours, 187.
— Supériorité des ouvriers picards dans cette partie, 187, 188.
ÉVENTAILLERIE ANGLAISE (L') au 18e siècle, 109.
ÉVENTAILLERIE FRANÇAISE. Périclite pendant les guerres de la fin du règne de Louis XIV. Renaît après le traité d'Utrecht, 93, 94.
— Au 18e siècle, 140, 142.
— Sa chute pendant la Convention, 149.
— Anéantie de 1809 à 1828, 170.
— Se rétablit sous la Restauration, *Ibid.*
— Améliorations apportées dans la fabrication, 177, 179.
— Sa concurrence avec l'éventaillerie asiatique, 184, 185.
— Son développement actuel, 189.
— Est supérieure à celle des autres nations, 185, 195, 196.
ÉVENTAILLERIE PARISIENNE. Proscrite par la première révolution, fait de vains efforts pour se relever, à la fin du Directoire, 161.
— Renaît sous le Consulat, 165.
— Grandit sous la Restauration, 175, 176.
— Ses progrès constants depuis la Révolution de juillet, 177.
— Influence des perfections industrielles sur sa rénovation, depuis 1830 jusqu'à 1848, 179, 180.

ÉVENTAILLISTES. Les doreurs sur cuir revendiquent, au 17e siècle, cette qualité, 78.
— Ont des contestations avec les merciers, sous le règne de Louis XIII, 78, 80, 81.
— S'associent enfin avec les doreurs sur cuir, 81.
— Sont érigés en communauté sous Louis XIV, *Ibid.*
— Défenses qui leur sont faites, 82.
— Droits qu'on leur accorde, *Ibid.*
— Leurs progrès à cette époque, 83.
— Protestants chassés en Angleterre par la Révocation de l'Édit de Nantes, 93.
— De la Régence, 116.
— Procédés de ceux du 18e siècle, 137.
— Sont incorporés aux tabletiers-luthiers, 141.
— Peu nombreux à Paris avant la Révolution et sous Charles X, 141, 142, 170.
— Misère qu'ils éprouvent pendant la Convention, 149, 150.
— Cherchent à innover sous le premier empire, 169, 170.
— Picards du département de l'Oise. Leurs talents multiples, 175.
ÉVENTAILS. Intérêt de leur histoire, I.
— Monographies sur leur histoire et sur leur fabrication, *Ibid.*
— Considérés comme souvenirs de famille, II, 126.
— A COULISSE. Apparaissent au Portugal et en Espagne au 15e s., 98 ; pénètrent en France au 17e, *Ibid.* Reviennent à la mode de nos jours, 179.
— A FLEURS, 192 ; par madame Pauline Girardin, *Ibid.*; par M. Reignier, *Ibid.*
— A JOUR (17e siècle), 95.
— A LA CIVETTE (Directoire), 162.
— A LA MARAT (1793), (Collect. de M. Vatel), 151, 152.
— A LA NATION (1792), 150, 151.
— A LORGNETTE (17e siècle), 96. Sous le consulat, 166 ; sous le premier empire, 167.
— A MIROIR (1830), 176.
— A PLUMES, 179.
— A SECRET (Directoire), 156.
— ANAGRAMMATIQUES (1821), 170.
— ANCIENS. Attributions plus ou moins vraisemblables dont ils sont l'objet, III. Leur succès après 1830, 177, 178; rapportés de la Hollande par M. Desrochers, 181.

Éventails arabes, 42, 43 ; d'après les Mille et une Nuits, *Ibid.*
— assyriens, d'après les monuments de Ninive et de Korsabad, 39. En feuille de palmier, 40 ; de forme carrée, *Ibid.*; servaient à rafraîchir les boissons, 41.
— au ballon (Directoire), Collect. de M. le comte de Liesville, 159, 160.
— au saule pleureur (Directoire).
— Leurs prix, 157.
— autographes, en Chine, 21, 22, 23.
— bouquet, 179.
— brisés, au 17e siècle, 106.
— Leur vogue en Angleterre, 107.
— En France, au 18e siècle, 113.
— A la fin du Directoire, 161.
— Sous le premier Empire, 167.
— célèbres, 124.
— chassepot, 179.
— chinois anciens, 14, 15 et suiv.
— Leurs différentes espèces, 17.
— Leur fabrication dans l'antiquité, 18.
— La mode en est générale en Chine, 19.
— De la collect. Negroni, 21.
— (Fabricat. des diverses espèces d') en usage actuellement, 25, 26.
— Apportés en Portugal et en Espagne au 15e siècle, 65.
— de Catherine de Médicis, 68.
— de commandement, au Japon (Collect. de M. Fr. Villot), 30.
— de Henri III et de ses mignons, 69.
— de la reine Élisabeth d'Angleterre, 74.
— de madame de Sévigné (Collect. de madame la comtesse Duchâtel), 98.
— de Marie-Antoinette (Collect. de S. M. la reine Victoria, 86, 129, 130 ; de M. Eug. de Thiac, 132 à 136 ; du musée du Louvre, 136 ; de madame la comtesse d'Osmond, 136 ; de madame la baronne Gustave de Rothschild, *Ibid.*; de M. Bosquet de Luzarches, 136, 137 ; de madame la baronne de Pages, 137.
— de Montézuma, 47.
— de paille (Directoire), 165.
— de peau d'Espagne (16e siècle), 91.
— de peau de vélin (17e siècle), 92.
— de poche, 184, 185.

ÉVENTAILS DE POINT DE FRANCE PEINT (17e siècle), 91.
— DE SATIN PEINT (17e siècle), *Ibid.*
— DES RENTIERS (Directoire), 158.
— DU CONSULAT, 165.
— DU DIRECTOIRE, d'après Bosio et madame Tallien, 154.
— ÉCRAN, 179.
— ÉGYPTIENS, 36 et suiv.
— De forme carrée comme en Assyrie, 40.
— servaient à rafraîchir les boissons, 41.
— EN ANGLETERRE, du 14e au 16e siècle, 73. — Leur luxe, 74. — Vicissitudes de leur industrie au 18e siècle, 109.
— EN CAMÉE (1790), 146.
— EN CORBEILLE (17e siècle), 111.
— EN ESPAGNE, au 17e siècle, 76. — Au 19e siècle, 185. — Leur manœuvre, 185, 186.
— EN FORME DE DRAPEAU (16e siècle), 72.
— EN FRANCE, au 14e et au 15e siècle, 62. — Au 16e siècle. Leur vogue parmi les femmes, 69. — Sont adoptés par les hommes, *Ibid.* — Se portaient suspendus à la ceinture, 74, 75. — Au 17e siècle. Répandus dans toute l'Europe, 75. — Sous Henri IV et sous Louis XIII, 78, 80. — Sont mis en faveur dans toutes les saisons sous Louis XIV, 83. — Leur perfection, 84. — Leur forme, d'après Callot, Bonnart, les frères De Bry, 83, 89, 90. — Leur fabrication, 91. — Beaucoup provenaient des parfumeries de Grasse, *Ibid.* — Leur grande dimension, 92, 93. — Leurs montures, 94. — En quoi consistait l'ornementation des plus communs, *Ibid.* — De leur commerce et de leur exportation, *Ibid.* — Leur multiplicité, 97. — Au 18e siècle. Sous Louis XV et sous Louis XVI, 104. — Leur genre de décoration, 110. — Leur grandeur, *Ibid.* — Leur fabrication, 142. — Sous la première Révolution. Leurs métamorphoses, 144, 145. — Représentent les événements politiques, *Ibid.* — Ce qu'ils deviennent en l'an II, 146. — En l'an X, 154. — Font partie du costume des Merveilleuses, 154, 155. — Leurs prix fabuleux pendant le Directoire, 158. — Sous le premier Empire, 167. — Sous la Restauration, 170, 177. — Sont adoptés par les hommes, 172. — Entrent en concurrence, en 1821, avec les sacs, valises, etc., 172. — Leur rôle dans les bals, spectacles, concerts, etc., *Ibid.* — Depuis Louis-Philippe jusqu'à nos jours, 175. — Deviennent très-grands à l'avène-

ment de ce roi, 176. — Considérés, en 1834, comme des bijoux de luxe, 178.

Éventails en Italie. Au 14e siècle, 62 ; — leur luxe aux 15e et 16e siècles, 70 ; — au 17e siècle, 75.

— en paille de riz (14e siècle), 64.

— en plumes de paon. Chez les Indous, 4 et suiv. — Très-estimés des Grecs, 51. — Chez les Étrusques, 52, 53. — Chez les Romains, 54.

— étui, 179.

— frou-frou, *Ibid.*

— girouettes (16e siècle), 72.

— grecs. En feuilles artificielles, 49. — En feuilles naturelles, *Ibid.* — En plumes de paon, 50, 51. — Offerts à Vénus par les femmes, 52.

— indous. En forme de feuille, 5.

— En plumes de paon, 4, 6. — En sparterie, 7.

Éventails italiens. Au 14e siècle, 62 ; — au 16e, 68 et suiv.

— Au 17e siècle, 75.

— Japonais. Leur usage, 27 et suiv.

— Leur ornementation, d'après un ouvrage japonais appartenant à M. Ph. Burty, 33, 34, 35.

— lilliputiens (Consulat), 166.

— liturgiques, 57.

— Louis XIV, 84 à 86, 89, 96, 98 à 103.

— Louis XV, 104, 105, 110, 111, 119 à 123, 125, 126, 128, 138, 139, 143, 144.

Éventails Louis XVI, 127 à 139.

— Mexicains, 44, 45.

— modernes, comparés aux anciens, III.

— moyen age, 62.

— Destinés d'abord aux dames nobles, 63.

— Se généralisent par la suite, 64.

— musicaux, 149, 152.

— nécessaire, 179.

— orientaux. Temps primitifs, 2 et suiv.

— Leur influence sur la fabrication parisienne au xviiie siècle, 106.

— Leur prix, *Ibid.*

— palmes, 179.

— parfumés (16e siècle), 91.

ÉVENTAILS. Sous le Directoire, 161.
— A l'époque actuelle, 179.
— PERSANS, d'après les monuments de Persépolis, 41, 42.
— PLISSÉS, d'origine japonaise, 19.
— Adoptés de bonne heure en Chine, *Ibid.*
— Pénètrent en Europe au 16e siècle, 71.
— PLISSÉS RONDS. Sont abandonnés en France au 16e siècle, 67.
— Restent en faveur en Espagne, *Ibid.*
— Reprennent leur vogue en France au 18e siècle, 106.
— POCHETTE, 179.
— POMPADOUR, 111.
— PREMIER EMPIRE. Leur peu de vogue, 167. — Sont brodés de perles d'acier, *Ibid.* — Deviennent artistiques, 168 à 171.
— RELIGIEUX, employés par le Souverain Pontife, 61.
— ROMAINS, d'après les auteurs latins, 53, 54.
— ROYALISTES, pendant le Directoire, 156, 157.
— SIAMOIS, 5, 6.
— SPHINX, 179.
— Sont l'emblème des plaisirs, II.
— En Perse et en Turquie, 43, 44.
— Leur usage dans les sacrifices religieux, chez les anciens et chez les premiers Chrétiens, 57 et suiv.
— A Tunis et à Alger, 64.
— Montés à l'anglaise, 92.
— Achetés par madame Geoffrin, 106.
— Peints en vernis Martin. Collections de madame la Comtesse de Chambrun ; de madame la Comtesse de Beaussier ; de madame la Baronne Alphonse de Rothschild ; de madame Heine ; de madame Lebrun d'Albane, etc., 111, 113.
— (Dessins d') par Lafage, 118.
— Par Stella, *Ibid.*
— Par Boucher, *Ibid.*
— Par Watteau, 118, 119.
— Faits à l'occasion du mariage de Marie-Antoinette, 130.
— Attribués à Watteau, Boucher, Lancret, etc., 138.
— De la Princesse Hélène, femme du duc d'Orléans, 175.
— (Collection d') des Cours Louis XIV, Louis XV et Louis XVI. Son origine, 182.
— AU THÉATRE, en Espagne et à la Louisiane, 186.
— Leur confection actuelle en Picardie, 187.

ÉVENTAILS. Peints par Jules Duvaux, 190.
— Par Tony Faivre, *Ibid.*
— Par madame Pauline Girardin, 192.
— Par Reignier, *Ibid.*
— Par Gavarni, 193.
— Par Rossi, *Ibid.*
— Par mademoiselle Dubois-Davesnes, 194.
— Par Soldé, *Ibid.*
ÉVREMOND (SAINT-). Offre un éventail à Ninon de l'Enclos; vers qu'il lui adresse, 97.
EXPOSITION D'ÉVENTAILS du South Kensington Museum, à Londres, en 1870. Son but, 195.
— Organisée à Milan, en 1874. Sa médiocrité, 195, 196.

F

FAVART. Ses vers sur l'éventail, 114.
— A peint des éventails pour vivre, 118.
FAYD'HERBE. Ivoirier célèbre du 17e siècle, 279.
FÊTE A MARLY sous LOUIS XV. Éventail peint par Sauvage, appartenant à madame Chailloux, 193.
FÊTE CHAMPÊTRE, accompagnée de sujets représentant *la Danse*, *la Chasse*, *la Pêche* et *la Musique*. Éventail peint par Soldé (Collect. de madame la Baronne Alphonse de Rothschild), 194.
FLABELLIFÈRES ou porte-éventails. Dans l'Indoustan, 4. — En Chine, 15. — En Égypte, 36, 39. — Chez les Assyriens, 39, 40. — Chez les Arabes, 43. — En Grèce et à Rome, 55, 56. — Maladroits, 56.
FLABELLUM. Nom de l'éventail chez les anciens, 53.
— De Saint-Filibert de Tournus (9e siècle), 61.
— De l'Église d'Amiens (13e siècle), 62.
— De Saint-Paul de Londres (13e siècle), *Ibid.*
— De Saint-Riquier (9e siècle), *Ibid.*
— De Salisbury (13e siècle), *Ibid.*
FLAMMAND. Ivoirier dieppois moderne, 302.
FRANÇOIS II. Grand amateur d'objets d'art en nacre, 222.
FRANÇOIS FLAMAND. Ivoirier du 17e siècle, célèbre par ses crucifix, 278.
FRANGIPANE, peau parfumée servant à la confection des éventails (17e siècle), 82.

G

GABRIELLE D'ESTRÉES. Son faible pour les objets d'art en nacre, 222.
GALERIE DU PALAIS. Endroit où se vendaient les éventails au 17e siècle, d'après une estampe d'Abraham Bosse (Collect de M. Victorien Sardou), 90.
GAY. Poëme de l'Éventail. Cité, 1, 107.
GEOFFRIN (Mme). Collectionne les éventails, 106.
GILLOT. Éventails qui lui sont attribués, 138.
GIMBEL frères (de Strasbourg), peintres éventaillistes, rénovateurs de l'éventail ancien, de 1846 à 1851, 180.
GIOVANNI POZZO. Auteur des premiers portraits en médaillons sur ivoire, 294.
GODEFROY DE BOUILLON GUÉRI MIRACULEUSEMENT. Éventail de Ninon de l'Enclos (Collect. de madame la Comtesse de Chambrun), 97.
GRAILLON. Ivoirier dieppois moderne, 302.
GRANVILLE (Comtesse de). Éventails cités, 193, 196.
GUILLERMIN. Ivoirier célèbre du 17e siècle, 280.

H

HABER (Baronne). Éventails cités, 102, 103.
HEINE (Mme). Éventails cités, 84, 113, 197.
HELLECHIN. Graveur sur nacre (18e siècle), 224.
HEU. Ivoirier dieppois moderne, 302.
HOENIQUE. *Ibid*, 295.
HUET. Éventail attribué à ce peintre (18e siècle), 113.

I

INSCRIPTIONS DES ÉVENTAILS chez les Chinois, 21, 22, 23.
— Chez les Arabes, 42.
IVOIRE (De l'), 234.
— BLANC, 236.
— (CÔTE D'). Contrée d'Afrique, *Ibid*.
— DE GUINÉE, *Ibid*.
— DU CAP, *Ibid*.
— DU GABON, *Ibid*.
— (Importance du commerce de l') en Afrique, *Ibid*.
— VERT, *Ibid*.

IVOIRE VERT-BLANC, *Ibid.*
— D'ÉGYPTE, 237.
— DE BOMBAY, *Ibid.*
— DE CEYLAN, *Ibid.*
— DE SIAM, *Ibid.*
— DES INDES, *Ibid.* — Très-recherché à Rome, 255.
— FOSSILE DE SIBÉRIE, 237.
Voy. CORNES DE NARVAL ; CORNES DE RHINOCÉROS ; DENTS D'ÉLÉPHANT ; DENTS D'HIPPOPOTAME ; DENTS DE MORSE.
IVOIRE. Principaux usages modernes de cette substance, 240.
— Procédés pour l'empêcher de jaunir, 241.
— D'AFRIQUE. Très-estimé dans l'Inde, 242.
— (Lit royal en), *Ibid.*
— (Trône indou en), *Ibid.*
— (Bracelets indous en), *Ibid.*
— Sa rareté dans l'antiquité, 243.
— Sert de bonne heure en Grèce pour les usages domestiques, 244.
— (Palais d') mentionnés par David, 243, 244 ; par le Livre des Rois, 246.
— (Statues chryséléphantines en) chez les Grecs, 244 ; en Égypte, 245 ; à Rome, 253.
— Tiré d'Arabie par les Égyptiens, 245.
— (Trône en) de Salomon, 246.
— Ornait le coffre des Cypsélides, 247.
— Supériorité des Grecs dans l'art de le travailler, *Ibid.*
— Un des principaux articles du commerce de Tyr, *Ibid.*
— Les Grecs le tiraient de l'Inde et de l'Afrique, 248.
— (Plaques volumineuses d') obtenues par ces derniers, *Ibid.*
— Savaient, de plus, le rendre malléable, 249.
— Liquéfié, servant à prendre des empreintes de bas-reliefs, *Ibid.*
— Machine à le dérouler, 250.
— (Feuilles d') de 2 mètres de longueur, *Ibid.*
— (Fragments de statues antiques en), 250, 251.
— (Passion des Romains pour l'), 251.
— (Sceptres en) des Étrusques, *Ibid.*
— (Sceptres et siéges en) des Romains, *Ibid.*
— Ceux-ci en ornaient leurs lits, 252.
— (Plaques d') mobiles du Palais de Néron, *Ibid.*
— (Chars d') à Rome, 253.
— (Romains, mangeurs d'), *Ibid.*

IVOIRE (Couteaux antiques à manches d'), 254.
— Son abus, critiqué par Juvénal, *Ibid.*
— Ses provenances chez les Romains, *Ibid.*
— (Objets antiques en) relatifs à la vie privée, 256.
— (Astragales en), 257.
— (Poupées antiques en), 257, 258.
— (Dyptyques en). Leur usage, 260, 261, 262.
— (Bas-relief en) du Musée d'Orléans (11e siècle), 263; du Musée de Cluny (10e siècle), *Ibid.*
— (CHRISTS EN) Du Musée de Madrid, 263. — Par Michel Anguier (17e siècle), 277. — De la chapelle de la Miséricorde, à Avignon, par Guillermin (17e siècle), 134, 280. — Par Simon Jaillot (17e siècle), 281. — Par Lacroix (17e siècle), *Ibid.* — Attribués à Girardon, 282. — Du Cardinal de Granvelle (16e siècle), 283. — Attribués à Michel-Ange, *Ibid.* — Du Musée de Toulouse (17e siècle), *Ibid.* — Du Palais-Royal de Munich, *Ibid.* — Du Palais-Vieux, à Florence (16e siècle), 284. — Attribués à Cellini, *Ibid.* — Par Bienaymé (18e siècle), 289. — Par Crucvolle (18e siècle), 289, 293. — Par Hœnique (19e siècle), 295.
— (Cor d') du Musée d'Angers (12e siècle), 265, 266; de Charles V (14e siècle), 269.
— (Coffret en) de la Cathédrale de Troyes (12e siècle), 265; de la reine Blanche de Navarre (15e siècle), 268.
— (Groupes en). Le Couronnement de la Vierge (13e siècle), 267.
— (Oliphants, ou trompes de chasse en), 268.
— (Coffrets d') ornés de bas-reliefs, 268, 272.
— (Couronne sculptée en), 13e siècle, 269.
— (Pénurie d') au Moyen âge, *Ibid.* — Est remplacé par l'os, 269, 270.
— (Oratoire des Duchesses de Bourgogne, tableau d') du 14e siècle, 271.
— (Tableaux d') du 15e siècle, 272.
— (Antiquité du commerce de l') par les Dieppois, 273, 274.
— (Habileté des tourneurs en) au 16e siècle, 274.
— (Tableaux d') donnés comme étrennes, *Ibid.*
— (Buste en) de Diane de Poitiers, *Ibid.*
— (Pulvérin en) attribué à Jean Goujon, 275.
— (Statuette en) attribuée à Jean Cousin, *Ibid.*
— (Couteau d') de Diane de Poitiers, 276.
— (Vases sculptés en), 16e siècle, *Ibid.*
— (Bas-relief en), par van Obstal (17e siècle), 279.

Ivoire (Figurine en). L'*Insouciance du jeune âge*, par François Flamand, 279.
— (Vases en), par Guillermin, 281.
— (Descentes de croix en) de la Bibliothèque du Vatican, 283; par Blard (18e siècle), 289; par Croqueloix, *Ibid.*
— (Cippe en) sculpté, du Trésor impérial de Vienne, 284.
— (Figurine de Saint-Sébastien en) du Palais-Vieux de Florence, *Ibid.*
— (Miroir en) exécuté par le père de Benvenuto Cellini, *Ibid.*
— (Objets d'art en), très-estimés des Italiens, 285.
— (Vers de l'Arioste sur la sculpture en), *Ibid.*
— (Médaillons en), par David Le Marchand (18e siècle), 286.
— (Bustes de Voltaire en), par Rosset Dupont (18e siècle), 287.
— (Statuette de Sainte-Thérèse en), par le même, 288.
— (Figurine de Saint-Jérôme en), *Ibid.* — Mot de Falconet à ce sujet, *Ibid.*
— (Bas-relief de Persée et Andromède en), par Dailly (18e siècle), 289.
— (Râpe à tabac sculptée en) (18e siècle), *Ibid.*
— (Modèle en petit d'une Frégate hollandaise, exécuté en), par Jacques Zeller (17e siècle), 290.
— (Fourmis en), par le Grec Callicrate, 291.
— (Chaise microscopique en) à quatre roues, traînée par une mouche, 291; traînée par une puce, 292.
— (Association du bois dans la sculpture en), *Ibid.*
— (Bas-relief en), par Belleteste (18e siècle), 293.
— (Groupe en). *Le Sacrifice d'Abraham*, par Simon Troger (18e s.), 293.
— (Statuette en). *Étude de Vieillard mourant*, par Meugnot, 293.
— (Premiers portraits en médaillons sur), 294.
— (Fiches de jeu en) données comme souvenir par Bonaparte alors lieutenant, 295.
— (Statuette de Charlemagne en), par Dournès, *Ibid.*
— (Statuettes en), par Pradier, 303.
— (Statuettes de Rachel et du duc d'Orléans en), par Aug. Barre, 303.
— (Coffret de mariage en), par M. Moreau-Vauthier (Augustin). Collect. de madame la Baronne Alphonse de Rothschild, 304.
— (Grand vase en), par le même (Collect. de M. le Dr Beugnot, *Ibid.*
— (Retable en) représentant les Trois Vertus théologales, par le même (même collect.), *Ibid.*
— (Statuette de Phryné en), par M. Scailliet, 305.
— (Sculpture chryséléphantine en). Sa résurrection, *Ibid.*

IVOIRERIE. D'origine indoue, 241, 242, 243.
— Sa décadence dans l'antiquité, 259.
— Conservée par les moines au Moyen âge, *Ibid.*
— Ancienneté des faussaires dans cet art, 264.
— Ses deux renaissances, au 13e et au 16e siècle, 266, 273.
— Du département de l'Oise, 296.
— Son antiquité en Chine, 297.
IVOIRERIE DIEPPOISE (Fragment du Journal de Bernardin de Saint-Pierre sur l'), 286.
— Sa renaissance à la fin du 18e siècle, 293.
— Ce qu'elle est de nos jours, 296.
— Sa décadence, 301.
— Signes de son infériorité, 304.
IVOIRIERS BYZANTINS. Leur style, 262.
IVOIRIERS CHINOIS, 297.
— Leur patience, 298.
— Excellent dans la fabrication des boules sphériques en ivoire contenant plusieurs autres boules, 299, 300.
IVOIRIERS FRANÇAIS au Moyen âge, 270; au 18e siècle, plusieurs étaient membres de l'Académie de Saint-Luc, 274.
— ORIENTAUX. Leur habileté extraordinaire, 265.
— CÉLÈBRES. Voyez : Anguier (Michel); Barre (Aug.); Belleteste; Berthelot Héliot; Bienaymé; Bignard; Blard père et fils; Bossuit (Francis van); Brisevin; Brunel; Carpentier; Cointre; Collette; Croqueloix; Crucvolle père et fils; Dailly; Delahayes; Depoilly; Desrieux; Dournès; Duquesnoy, dit François Flamand; Fayd'herbe; Flammand; Graillon; Guillermin; Heu; Hœnique; Jaillot frères; Krabensberger; Lacroix; Le Flaman; Le Marchand (David); Labraëllier (Jean) : Léo Pronner; Meugnot; Moreau-Vauthier (Augustin); Obstal (Gérard van) Ouin; Ouvrier; Permoser (Balthazar); Pradier; Roger; Rosset Dupont; Sac-Épée; Saillot; Scailliet; Simart; Thomas fils; Troger (Simon); Villerme (Joseph); Zeller (Jacques); etc., etc.
IVOIRIERS MONARQUES, 290.
IVOIRES BYZANTINS. Sujets représentés sur quelques-uns, 263.
— Authenticité douteuse de la plupart, 264.
— (Collections célèbres d'), *Ibid.*
IVOIRES JAPONAIS, 300.

J

JAILLOT frères. Ivoiriers célèbres du 17e siècle, 281.
JAPON. Usage de l'éventail dans ce pays, 27.
JEAN COUSIN. Auteur d'une statuette en ivoire, 275.
JEAN GOUJON. Auteur présumé d'un pulvérin en ivoire, *Ibid.*
JOREL. Sculpteur en éventails, 188.
JUBINAL (Mme Achille). Éventails cités, 70, 73, 79, 100, 101, 111, 122, 123, 179, 192, 197, 233.
— (M. Achille). Objets d'art cités, 208, 209, 225, 226.
JUGEMENT DE PARIS (Le). Éventail Louis XIV, appartenant à madame Riant, 100.
— Éventail attribué à la Rosalba (Collect. de M. Ph. de Saint-Albin), 125, 126.

K

KLINGSTET. Miniaturiste hollandais (17e siècle). Auteur d'un éventail satirique (Collect. de M. Ph. de Saint-Albin), 102.
KRABENSBERGER. Ivoirier allemand (18e siècle), 293.

L

LA PROMENADE EN VOITURE, LE CAFÉ, LE THÉATRE DE GUIGNOL, LES ÉQUILIBRISTES, etc. Sujets d'un éventail Louis XV (Collect. de Mme la Comtesse de Chambrun), 138.
LABARTE (Jules). Cité, 261, 269, 271, 276, 284, 294.
LACROIX. Ivoirier célèbre du 18e siècle, 281.
LAFAGE (Raymond de). Peintre du 17e siècle; a laissé des dessins pour éventails, 118.
LANCRET. Éventails qui lui sont attribués, 138.
LAREINTY (Baronne de). Éventails cités, 102, 103.
LE FLAMAN. Ivoirier célèbre du 18e siècle, 286.
LE MARCHAND (David), *Ibid.*
LEBEAU. Graveur de feuilles d'éventails sous la première Révolution, 148.
LEBRAELLIER (Jean). Ivoirier de Charles V, 271.
LEBRUN D'ALBANE (Mme). Éventails cités, 113.
LEMIERRE. Son quatrain sur l'éventail, 115, 116.
LÉGENDE DE LA TRADUCTION DES SEPTANTE. Éventail attribué à Philippe de Champaigne (Collect. de Mme la Comtesse de Dudley), 84.

Léo Pronner. Ivoirier allemand (17e siècle), 291.
Liesville (Comte de). Éventails cités, 148, 158 à 160, 166.
Lindsay (Lady). Éventail cité, 77.
Loizel. Éventailliste; réparateur d'éventails, 184.
Louis XIII jouant au colin-maillard avec les quatre parties du monde. Éventail du 17e siècle (Collect. de Mme Achille Jubinal), 79, 80.

M

Manière des peintres éventaillistes du 18e siècle, 110.
Mantz (Paul). Opinion de ce critique d'art sur les peintres éventaillistes du 18e siècle, 116.
Maréchal (Sylvain). Vers de cet auteur sur l'éventail, 115.
Mariage d'amour (Le). Éventail peint par Soldé (Collect. de Mme la Baronne Alphonse de Rothschild), 194.
Marie-Antoinette. Éventails qui lui ont appartenu, 86, 129, 130, 132 à 137.
Martin. Inventeur du vernis qui porte ce nom, 111.
— L'influence qu'il eut sur la perfection des éventails de son temps, *Ibid.*
— Célébré par Voltaire et par Duclos, 112.
— N'était que vernisseur, *Ibid.*
Merciers-éventaillistes; leurs querelles, 78, 80.
Méru (Oise). Centre industriel de l'éventaillerie au 18e siècle, 140.
— Développement de sa fabrication sous la Restauration, 175.
— Arrivée à son apogée à l'époque actuelle, 187, 188.
Merveilleuse de l'An X, jouant de l'éventail, 154.
Meugnot. Célèbre ivoirier moderne, 293.
Meyer (Fr.). Éventailliste contemporain. Inventeur d'un procédé pour teindre la nacre, 184, 233.
Milon. Auteur d'un *Poème de l'Éventail*, 165.
Molinié. Amateur d'éventails orientaux sous Louis XV, 106.
Montures artistiques de certains éventails du 18e siècle, 143, 144.
— Des éventails de luxe actuels, 189.
Moreau (Mme Adolphe). Éventails cités, 111.
Moreau-Vauthier (Augustin). Statuaire et ivoirier. Son influence sur l'ivoirerie contemporaine, 304.
Mouchy (Duchesse de). Éventails cités, 111, 196.
Muscarium. Plumasseau fait de plumes de paon, servant de chasse-mouches à Rome, 56.
Muses (Les). Éventail peint par mademoiselle Dubois-Davesnes, 194.

N

NACRE (Éventail en) de la reine Louise de Lorraine (16e siècle), 67.
— Servit à sculpter de magnifiques montures d'éventails au 17e siècle, 90, et au 18e siècle, 139.
— (De la), 217.
— Cause de ses reflets, *Ibid.*
— Sa composition, *Ibid.*
— Appelée *porcella* par les Romains et *porcelaine* au Moyen âge, 218.
— (Colombe antique en), 218.
— Son emploi chez les anciens, *Ibid.*
— Donne son nom primitif à la porcelaine chinoise, 219.
— Son usage au moyen âge, *Ibid.*
— A la renaissance, 221.
— En Chine, 230.
— De nos jours, 231.
— (Objets d'art en), cités dans les inventaires, 220.
— — du Moyen âge et de la renaissance, 220, 223, 224.
— (Camées exécutés en), 16e siècle, 221, 222, 224.
— Passion de François II et de Gabrielle d'Estrées pour les objets d'art faits de cette matière, 222.
— (Conque de), gravée au trait, 16e siècle, 223.
— (Sablier en), du 16e siècle, *Ibid.*
— (Hellechin, graveur sur), 18e siècle, 224.
— (Médaillons en), ornant l'épée de mariage de Henri IV, *Ibid.*
— (Coquille de), gravée au trait, 225.
— Sculptée en relief, *Ibid.*
— (Plaques de), gravées au trait par Schawberg, *Ibid.*
— Sculptées en relief par Backuysen (Collect. de M. Achille Jubinal), 225.
— (Grand médaillon en), représentant Louis XV de profil, sculpté par Durand (18e siècle) (Collect. de M. Ph. de Saint-Albin), 226.
— (Navette en), incrustée d'argent (16e siècle) (Collect. de M. Achille Jubinal), *Ibid.*
— (Nécessaire en), incrustée d'or (16e siècle) (Même collect.), *Ibid.*
— Ses diverses provenances, 228.
— BATARDE BLANCHE, 229.
— BATARDE NOIRE, *Ibid.*
— FRANCHE ARGENTÉE, *Ibid.*

NACRE (Haliotide, espèce de), *Ibid.*
— Manière de la travailler, *Ibid.*
— (Lanterne chinoise en), ayant appartenu à Marie-Antoinette (Collect. de M. Aug. Vitu), 230.
— Sa fabrication en Chine, 231.
— ALÉOTIDE VERTE, 233.
— D'ORIENT, dite Goldfish, *Ibid.*
— Procédés pour la teindre, *Ibid.*
NACRES. Différentes espèces sont employées pour l'incrustation (Voyez *Burgau*), la bijouterie et l'éventaillerie de luxe, 232.
NADAILLAC (comtesse de), éventails cités, 197, 198.
NAUTILE gravé par Hellechim, 224.
NAUTILES montés en coupes en gravés en noir, *Ibid.*
NEGRONI (Éventails chinois de la collect.), 21.
NINON DE L'ENCLOS. Éventail qui lui a appartenu (Collect. de madame la comtesse de Chambrun), 96, 97, 99.
NOCES D'ARLEQUIN ET DE COLOMBINE. Éventail peint par Rossi (Collect. de M. Ph. de Saint-Albin), 193.

O

OBSTAL (Gérard van), ivoirier célèbre du 17e siècle, 279.
ORIGINE asiatique des premiers éventails grecs, 48, 51.
— indoue et mexicaine de l'éventail, 2, 45.
— japonaise des éventails plissés, 19, 65.
ORPHÉE JOUANT DE LA LYRE DEVANT EURYDICE. Éventail Louis XVI appartenant à madame Louis Lunois, 128.
OSMOND (comtesse d'), Éventail cité, 136.
OUIN. Ivoirier dieppois moderne, 302.
OUVRIER. *Ibid. id.*

P

PAGES (Baronne de). Éventail cité, 137.
PANK'HA. Nom de l'éventail dans l'Indoustan, 2.
— Son antiquité, 12, 13.
PANK'HAS. Éventails gigantesques employés dans l'Inde comme ventilateurs, 10, 11 ; en Assyrie, 13.
PAON. Admiration des anciens pour le plumage de cet oiseau, 54, 55.

Paris (Comtesse de). Éventails cités, 91, 183, 193, 196.
Peau (feuilles d'éventails en), 92.
— Leur préparation, *Ibid.*
Peau d'Espagne (Éventails en), 17e siècle, 91.
— de chevreau. Sert à confectionner les feuilles d'éventail, 92, 93.
— de cygne. Nom donné vulgairement à la peau de chevreau, 92.
— de poulet. *Ibid.*, 91.
— de vélin. *Ibid.*, 91, 92.
Permoser (Balthazar), ivoirier allemand (18e siècle), 293.
Pernetty (abbé), amateur d'éventails orientaux sous Louis XV, 106.
Perrot. Éventail cité, 142.
Petit (Ed.). Cité, I.
Piogey (D^{r}). Éventail cité, 120, 121.
Piot (Eug.). Objet d'art cité, 251.
Plaisirs du chateau (Les). Éventail peint par Hédouin (Collect. de madame la comtesse de Pourtalès), 193.
Poëme de l'éventail par Gay, 1, 107.
— par Milon, 165.
Pompadour (Marquise de). Achète des éventails chinois, 106.
— Éventail qui lui a appartenu (Collect. de madame Achille Jubinal), 122, 123.
— Son influence sur les progrès des éventaillistes du 18e siècle, 111.
Porte-éventails ou flabellifères ; dans l'Indoustan, 4.
— En Chine, 15.
— En Égypte, 36, 39.
— En Assyrie, 39, 40.
— En Arabie, 43.
— En Grèce et à Rome, 55.
Pourtalès (Comtesse de). Éventails cités, 193, 196.
Pradier. Auteur de statuettes en ivoire, 303.
Prix des éventails orientaux sous Louis XV, 106.
— fabuleux de ceux du Directoire, 157, 158.
Puce (La), de mademoiselle Desroches. Anecdote, 123.

Q

Quartier des gardes de M. Cupidon. Eventail moderne (Collect. de M. Carra de Vaux), 191.

R

RAMBOSSON (J.), cité, 249.
REDGRAVES (Sam.), cité, 109.
— Son opinion sur le vernisseur Martin, 112.
RÉNOVATION DE L'ÉVENTAIL en 1830, 177.
RÉVOCATION DE L'ÉDIT DE NANTES. Chasse la plupart des éventaillistes français en Angleterre, 93.
RIANT (Mme). Éventails cités, 100, 197.
RIDICULE. Sac à ouvrage substitué à l'éventail (Directoire), 161.
RIS (Clément de). Cité, 264, 267, 291.
RODIEN. Éventailliste moderne, 184.
ROGER. Ivoirier du 13e siècle, cité pour la première fois, 270.
ROMANELLI. Peintre célèbre, auteur d'un éventail signé et daté, représentant l'*Enlèvement des Sabines* (Collect. de madame Achille Jubinal), 100, 101.
RONDOT (Natalis), cité I, 18, 25, 67, 144, 298, 299.
ROSALBA CARRIERA. Pastelliste célèbre du 18e siècle. Auteur d'un éventail représentant le *Jugement de Pâris* (Collect. de M. Ph. de Saint-Albin), 125, 126.
ROSSET DUPONT. Ivoirier fameux du 18e siècle, 287, 288.
— Mot de Pigalle sur son talent, 288.
ROTHSCHILD (Baronne Alphonse de). Éventails cités, 113, 194, 197; objet d'art cité, 304.
— (Baronne Gustave de). Éventail cité, 136.
— (La feue baronne Mayer de). *Ibid.*, 131.

S

SAC-ÉPÉE. Ivoirier dieppois moderne, 302.
SAILLOT, *Ibid.*
SAINT-ALBIN (Ph. de). Éventails cités, 27, 29, 102, 125, 126, 145 à 147, 170, 171, 193; objet d'art cité, 226.
SAINT-ÉVREMOND. Offre un éventail à Ninon de l'Enclos, 97.
— Vers qu'il lui adresse, 97.
SARDOU (Victorien). Collect. citée, 90.
SAULCY (Mme de). Éventails cités, 196.
SCAILLIET. Sculpteur ivoirier moderne, 305.

SCÈNE VÉNITIENNE. Éventail peint par Eug. Lami (Collect. de Mme la Comtesse de Paris), 192, 193.

SÉVIGNÉ (Mme de). Éventail cité (Collect. de Mme la Comtesse Duchâtel), 98, 100.

SHAFTESBURY (Comtesse de). Éventail cité, 169.

SIMART. Sa reproduction chryséléphantine de la Minerve du Parthénon, 303.

SOLDÉ. Peintre éventailliste moderne, 76.

SOLTYKOFF (Collect.). Éventail en or massif, feuille attribuée à Boucher, 126.

SPITZER. Objets d'art cités, 70, 71, 223, 264.

STAEL-HOLSTEIN. Son apologie de l'éventail, 168.

STELLA. Peintre du 17e siècle ; a laissé des dessins pour éventails, 118.

T

TABELLAE. Espèce d'éventails en usage à Rome, 56, 57.

TALAPAT. Nom de l'éventail chez les Siamois, 6.

TALLIEN (Mme). Sa description des éventails du Directoire, 154.

— Éventail qui lui a appartenu, 162, 163.

TCHAOUNRYS. Chasse-mouches indous, 8.

— Leur antiquité, 9.

TERTULLIEN. Sa description du plumage de paon, 54.

THÈBES. Mal nommée la ville aux cent portes, 246.

THERMIDOR (Neuf). Ramène le luxe des éventails, 153.

THIAC (Eugène de). Éventail cité, 132 et suiv.

THOMAS fils. Ivoirier dieppois moderne, 302.

TOREUTIQUE (Emploi de l'ivoire dans la), 250.

TORTUES. Leur grandeur, 202.

— Exagérée par Pline, *Ibid.*

TROGER (Simon). Ivoirier allemand (18e siècle), 293.

TURPIN (Ernest). Sculpteur sur nacre, 234.

U

UBALDE ET LE DANOIS DEVANT LA FONTAINE DU RIRE (Jérusalem délivrée). Éventail attribué à Lemoine, appartenant à M. Delaville Le Roulx, 84 à 87.

V

VAILLANT (Jules). Sculpteur en éventails, 188 ; en nacre, 234.
VALLIÈRE (Apothéose de mademoiselle de la), représentée sur un éventail Louis XIV, 103.
VANIER. Un des rénovateurs de l'éventail en France, 173, 174.
VANIER-CHARDIN. Éventailliste moderne, 184.
VATEL. Éventails cités, 151, 152 ; objet d'art cité, 210.
VÉLIN. Sa nature, 91, 92.
VERNIS MARTIN, 111.
VERS DE FAVART sur l'éventail, 114.
— DE LEMIERRE, 116.
— DE SYLVAIN MARÉCHAL, 115.
VICTORIA (S. M. la reine). Éventails cités, 84, 105, 145, 193.
VIEL-CASTEL (feu le comte Horace de). Éventail cité, 67, 68 ; objet d'art cité, 224.
VILLE DE SARDELYS (Mme). Éventail cité, 197.
VILLERME (Joseph). Ivoirier célèbre du 17e siècle, 278.
VILLOT (Fr.). Éventail cité, 30.
VITU (Aug.). Objet d'art cité, 230, 231.
VOGUÉ (Marquis de). Objets d'art cités, 211.
VOISIN. Éventailliste moderne, 184.
VULGARITÉ des feuilles d'éventail pendant la Révolution, 148.

W

WATTEAU. A laissé des dessins pour éventails, 118.
— Feuille d'éventail authentique de ce peintre, *Ibid.*
— Éventails qui lui sont attribués, 119, 120, 138.

Z

ZELLER (Jacques). Ivoirier allemand (17e siècle), 290.

FIN.

CORBEIL. — TYP. ET STÉR. DE CRÉTÉ FILS.

www.ingramcontent.com/pod-product-compliance
Lightning Source LLC
LaVergne TN
LVHW011944220826
846092LV00001B/80

* 9 7 8 2 0 1 9 6 7 9 2 8 6 *